北京教育科学研究院早期教育研究所特别推荐

幼儿园活动区玩具配备实用手册

汪 茎 主编

农村读物出版社

北京教育科学研究院早期教育研究所游戏课题组
北京奇德儿文教设备有限公司
联合编写

编写组名单

主　编　汪　荃

副主编　周深梅　刘洪霞　刘亚明

编委会　于渊莘　王　岩　梅丽红　范艳洁　苏　健
权　明　孔震英　马淑英　朱纪文　张艳君
赵　峰　线亚威　冯　君　蔡珂馨　李志宇

作　者　田逶巍　卢德芹　程绍丽　张文焕　李春华
刘海红　翟丽娟　王宇凡　马玉华　田　丽
刘金玲　李向红　徐　环　陈　蕊　范冬梅
靳云飞　吕英宏　李亚萍　韩玉梅　刘燕华
王雪梅　赵秀敏　李念东　佟丽文　马素敏
朱　莉　袁　静　孟　帆　吴京舟　刘玉娟
赵馨朵　张宇雯　汪　荃　高小芳　段翠玲
王丽莉　范　靖　朱燕丽

早期教育研究所 http：//www.0-3-6.com
北京奇德儿文教设备有限公司 http：//www.kidel.net

前言

新出版的北京市《幼儿园快乐与发展课程》——教师指导用书对幼儿园各年龄班的活动区做了首次划分，并明确提出活动区要“目标化”的要求，使活动区活动作为幼儿园教育活动的一种形式和课程的重要组成部分成为北京市幼儿园教育的规定性教学模式。

但是，在幼儿园教育实践过程中我们得知：由于活动区活动是幼儿的自主活动，于是，幼儿是否选择某项活动和是否按照某种方式开展活动就与幼儿的游戏兴趣紧密相连。也就是说，各个活动区教育作用的发挥是以满足幼儿的游戏兴趣为前提条件的。因此，作为幼儿园，我们不仅要知道应该为幼儿创设哪些活动区以及各活动区蕴涵哪些主要发展目标，还要知道幼儿是通过何种途径参与活动区，通过哪些具体方式完成发展目标的。站在一个幼儿园教师的角度，如果说“活动区”活动是一个来自上级要求的促进幼儿发展的上位途径，那么，开展游戏和让幼儿与具体的玩具材料互动就是实现活动区“目标化”这一理想教育的下位手段。在此，我们认为：如果幼儿园教师能够通过一种结构和结构下的教育思路统筹规划活动区，使之与幼儿的游戏兴趣和发展需要紧密结合，对于增进活动区创设的科学性，提高游戏与活动的教育价值，促进幼儿富有个性地获得学习和发展均具有重要的现实意义。

课题组经过多年来对幼儿园区域游戏的研究，从教育实践当中总结归纳出游戏的六大类，并在此基础上进一步把它们划分了 20 项分类和几十种不同的内容；把玩具划分为 22 项分类和几十种适宜的玩具材料。这些游戏和玩具材料在教育功能与发展目标上适应了当前的幼儿园教育需求，体现为不同的游戏、玩具在教育功能上各有侧重又有许多交叉点，因此，就为教育要满足幼儿各自不同的兴趣、允许他们按照自己的意愿选择游戏提供了可行性，同时也保证了幼儿可以通过参与自己喜欢的游戏与活动得到他们应有的、和谐的发展。也就是说，玩具和游戏材料作为教师为幼儿提供的教科书，其中蕴涵了基本的教育要素和广泛的教育作用，只要教师充分了解本班幼儿的游戏兴趣、发展目标和他们之间的差异性，就有可能通过本《手册》提供的有关游戏和玩具材料的信息为幼儿创设有准备的环境，引导幼儿在兴趣活动中获得教育目标的自我实现。

在编写本《手册》之前，课题组曾经在2000年编写过《幼儿园游戏材料配备指导》，对幼儿园的游戏材料（包括玩具）做了初步划分，作为内部资料推荐给幼儿园参考使用；之后，又于2003年编写出版了《幼儿园游戏课程》丛书和配套光盘，对幼儿园区域游戏的划分做了简单的界定和玩具材料上的个别调整。当前，在北京市全面贯彻《幼儿园快乐与发展课程》的背景下，课题组对原有的《幼儿园游戏材料配备指导》进行了研究修改，使玩具的划分更趋于合理，并在认真学习领会新课程对活动区目标、幼儿特点和行为表现等内容的基础上，结合课题组11所实验园的研究经验，调整了原有的编写框架，补充了新内容，使之更加符合幼儿园的实际工作需要。具体情况我们留待在后面的“使用说明”中再作介绍。

课题组多年来的研究工作始终得到了北京市各区（县）学前教育行政和业务部门的大力支持，得到了广大基层幼儿园和教师的支持。其中，朝阳区、海淀区、丰台区、石景山区、宣武区、东城区、崇文区、昌平区、延庆县均为课题研究提供了实验幼儿园，有16所幼儿园先后参与了本课题的研究工作，他们是：朝阳区劲松第一幼儿园，朝阳区西坝河第一幼儿园及望京分园，海淀区四季青常青幼儿园，海淀区石油勘探学院幼儿园，海淀区武警总部机关幼儿园，海淀区海军示范幼儿园，丰台区第四幼儿园，丰台区方庄第二幼儿园，丰台区方庄第三幼儿园，丰台区青塔幼儿园，石景山区实验幼儿园，宣武区槐柏幼儿园，东城区第一幼儿园，崇文区第五幼儿园，昌平区机关幼儿园，延庆县县幼儿园。

由于理论水平和研究能力有限，本《手册》的错误和不足之处在所难免，欢迎广大使用者和热心的读者采用各种方式不吝赐教。

编写及使用说明

本《手册》分为两部分内容。第一部分介绍了编写的指导思想、玩具的标准和配备原则，游戏和玩具的基本分类方法等。其中玩具的标准是从对幼儿健康和发展负责的角度提出的，它有利于我们把对玩具的认识提升到更广阔的精神层次，即除了眼前看得见的作用，还要考虑到它是否会构成对幼儿将来的潜在危害，也就是建立“玩具法”的意识，并且重视玩具对儿童智力潜能培养的长远影响；玩具的配备原则是考虑到幼儿园对玩具和材料的合理采购与合理配置，既能够充分满足幼儿多方的兴趣与发展需求，又因地制宜，使有限的资金与资源达到最大限度的利用；玩具的分类是帮助幼儿园和教师理清和扩展思路，了解各类游戏都有哪些方面的活动内容，每项内容又都可以提供哪些类别、甚至是关键性的玩具，通过玩具的合理使用，使活动区成为促进幼儿园课程的重要组成部分。

第二部分是玩具配备的具体内容。多年来，课题组与教育实际相结合，把幼儿园的区域游戏划分为六大类，即运动类、角色类、建构类、益智类、美劳类、表演类。本《手册》依然按照游戏的分类进行排序，以突出同类游戏在教育功能和促进儿童发展方面的共同特征。在同类游戏中，再按年龄班组织玩具的分类排序，以方便教师在实际工作中使用。为了适应幼儿园教育发展需求，还编进了2～3岁年龄班的相应内容。另外，为了使玩具的编排结构更趋完善，本《手册》在原有内部资料《幼儿园游戏材料配备指导》的基础上，对原表格中的分类和具体内容也做了个别修改，并增加了一些新的项目。例如，新编写《手册》对“玩具”的概念进行了修改，把“游戏材料”纳入其范围之中，而在之前的《指导》中，“玩具”则是一个下位概念，包含在“游戏材料”之中。之所以进行这样的修改，是为了适应已经形成的语言习惯，使表格看上去更清晰易懂。此外，我们还对部分玩具的分类名称和内容做了一些调整，例如建构游戏中的“插接类”改成“插装类”，使之更符合内容实际；“美劳游戏”改成了“美艺游戏”，以便增加了“民俗艺术”项目，以强调这方面内容对儿童审美方面的重要性；益智游戏中的分类也做了较大调整，由于在实践过程中“观察”和“探索”是不能分开的，所以原来的“观察探索类”就改成了“种植养殖类”和“科学类”；原来操作类中的一些镶嵌、接龙等内容，因主要作用是培养幼儿思维能力的，所以归并到了规则类。等等这些分类上的变化，都是为了更合理地按照一种结构来梳理教育目标，从而在区域（包括内容）、玩具（包括材料）、目标和指导之间架起一座清晰的桥梁，以确保活动区的设置与开展都紧扣幼儿园教育目标，使活动区真正成为实现教育目标的一个重要而有效的途径。

第二部分在体例上也做了新的编排。首先，在每一类玩具的标题下，是对该类玩具与幼儿身心发展特点的分析。我们希望通过这样的分析能够提供给教师一些有关玩具的背景知识。之后，是一个题为“玩具的投放功能与幼儿行为表现”的表格，课题组教师们根据几年来获得的研究经验，进一步分析了玩具投放到区域中会起什么作用以及幼儿对此会产生什么反应，从游戏活动的角度描述了玩具在与幼儿互动时所产生的教育作用。

本《手册》使用了“主要材料”和“辅助材料”的概念。这里，“主要材料”是游戏的主导玩具，是活动区“目标化”的具体体现。在“主要材料”项目下是具体的玩具目录和该玩具在该年龄班条件下应发挥的作用。为了便于使用者选择好玩具，本《手册》还配上了玩具举例。而“辅助材料”则是辅助目标得以实现的物质帮手，它们的提供，有利于调动幼儿的兴趣，提高游戏的目的和作品表达、表现的能力。例如“积木”在“搭建类”游戏中是“主要材料”，担负着数学等方面的教育任务，而“动物”、“玩具车”则是“辅助材料”，它能启发幼儿搭建“动物园”或“停车场”，使选择积木和构思建筑物成为有目的的过程。当然，玩具的使用不是呆板的，同样的玩具可以在不同区域中发挥作用。同样拿积木举例，如果放在娃娃家，也许就成为了“家具”的制作材料，或者是奶瓶、杯子的替代物。当然，这时的“积木”也就不再是学习数学的“主要材料”，而是成为角色扮演的“道具”了。许多低结构的玩具，例如积塑、彩泥、纸张等，都具有这样的特点。因此，“主要材料”和“辅助材料”的区分，是为了帮助教师从玩具角度明确教育目标的落实途径和引发、扩展游戏的途径。另外，《手册》中列举的辅助材料是从游戏的一般化背景下提出的，幼儿园真正在开展游戏的时候，则会面临幼儿大量的特殊需要，还会有与主题兴趣相联系的问题，仍然需要教师给予适当的补充。

建议幼儿园拿到本《手册》后，首先对它的结构有一个全面了解，再根据本园的实际情况查漏补缺，统筹规划。《手册》中所列的玩具在类别上应尽可能配置全面，并有计划地逐步投放和进行更换。但所列品种则可以根据自己的实际条件适宜选择，原则上只要够用就行了。广大农村幼儿园应尽可能就地取材，多选取自然材料供幼儿使用，也可以利用废旧材料自制玩具，同样能够达到理想的教育效果。

目录

第一部分 综 述

玩具的配备原则

一、安全卫生原则

玩具个体的大小可以造成安全问题。2～4 岁幼儿使用的玩具应该保证不能吞咽下去。当然，玩具也不是越大越好，太大的玩具幼儿抱起来会遮挡视线或造成行动不便。

玩具本身和玩具的内心与表层涂料质地不良是造成安全问题的另一个因素。目前市场上销售的塑料玩具、水彩笔、彩泥等有的存在铅、苯等有害毒素超标问题，一些幼儿园的自制玩具也有类似现象。如果幼儿多次甚至长期使用这样的劣质玩具，对身体健康会造成不良影响。

布艺软体玩具的表层和填充物也有可能存在卫生和安全的隐患，例如有的幼儿就因为把玩具的“眼睛”抠下来放入口中造成卡住咽喉而死亡的。有些非食品包装的废旧物品（例如家用电器的泡沫隔层物、塑料绳等）因材质的化学成分，也不适宜孩子操作玩耍。

防止购进和制作有害玩具的做法是检查玩具或涂料的检测合格证，不合格的产品坚决不买，不卫生的废旧物品坚决不用。此外，还要经常对所使用的玩具做检查，保证无事故隐患。国家玩具安全鉴定法规定：

① 钢木玩具：表面是否粗糙，边缘是否锐利，孔缝会否夹手指。

② 电动玩具：严格检查开关系统是否绝缘安全。

③ 戏水玩具：严格检查接缝是否紧密，采用的塑胶原料厚度是否合适。一般吹气的塑胶玩具不能用作救生。

④ 弹射玩具：着重检查弓、箭或枪等抛射性物体是否附有保护性销子。

⑤ 音乐玩具：检查其音响是否音阶准确、悦耳动听，尖锐刺耳的声音会损害儿童的听觉。

二、坚固耐用原则

不坚固的玩具使用寿命很短，投放不久就会出现局部破损或变形，致使整套玩具失去了使用价值。玩具的耐用性还体现在质量的好坏：有的玩具容易退色、生锈、松扣，有的玩具接口太紧或太松，这些问题都会影响幼儿对玩具的兴趣，同时也制约了幼儿在操作玩具的过程中获得应有的发展。

幼儿园在选择玩具时除了要挑选正规厂家生产的产品，还应该先试一下样品，确定没有质量问题了再做出购买决定。

有些玩具在购买的同时就配有辅助材料，例如起示范作用的操作参考图例。对这些辅助材料应采取一些必要的处理措施以延长其使用寿命，例如把它们压膜或复印装订成册，把盒子进行加固等。

三、标准化原则

幼儿在操作玩具的过程中会获得许多关于物体的概念。玩具的标准化程度会直接影响这些概念的科学性。例如：积木的形状和尺寸关系到幼儿正确建立几何形体的概念，认识整体与部分之间的关系，体验对称、平衡、比例等数学要素；纯正的颜料色彩能够帮助幼儿正确建立颜色的概念，领悟配色的原则，掌握运用方法；科学类玩具更要精确，幼儿才会发现科学原理，学会比较和推理……

玩具的使用搭配也存在合理性问题，如把大小不同的玩具投放到动物园，有的牛马比大象还大，老虎比山羊还小，就不能帮助幼儿建立起科学的概念。很多自制的辅助玩具也存在这样的问题。例如：用于布置公园和道路的鲜花很高而树木很矮，或者路灯很高很大而房子很小。这些看起来似乎是细节小事，也不影响幼儿的游戏兴趣。因为孩子知道是假的，是象征性的，可以不必追求完美。但长期积累下来可以影响幼儿对生活的态度如：养成做事凑合的习惯，不追求科学性、合理性、严谨性。因此，这种做法不利于幼儿的成长。

四、一致性原则

商店出售的玩具多数不是专为幼儿园设计的，一套玩具数量有限，不能满足班级中幼儿同时游戏的需要，也就需要多配几套。幼儿园有时为了追求玩具的丰富性，将每种玩具都买一部分，分到各个班。结果这些玩具不是一个厂家生产的，游戏时互相不能通用。例如接口不一致，比例不一致，颜色不一致，对幼儿的游戏造成了人为的局限性。而且收放起来也较复杂，既容易混淆，又费时间。

建议幼儿园在选择玩具时考虑玩具的通用性，并对玩具的发放办法适当调整，例如在平行班中轮流使用玩具，开始时各班的玩具不一样，待全部轮流完时，幼儿也对各种玩具分别熟悉了解了，再适当地把玩具平均分配到各个班。

五、突出年龄特点原则

玩具不同于教科书，它在使用功能上可以有很大的难易跨度，特别是低结构的玩具，说明书上标注的经常是一个年龄范围。作为家长，只要孩子喜欢就可以购买并引导孩子由易到难地去掌握玩法，甚至中途可以放一放，待孩子能力有了提升，经验有了扩展后，再拿出来给孩子玩，玩具又能发挥新的作用。

但是幼儿园的教育环境与家庭不同。幼儿园同时要面对的是 2～6 岁不同年龄班的幼儿，面向他们的发展目标和教育目标是截然不同的。作为促进幼儿发展的玩具和游戏材料，就需要进行科学合理的划分，在玩具的外形结构、使用方式和设计功能等方面形成各年龄班的配备特点，做到特定的玩具投放到特定的年龄班是最适宜的。也就是说，本班幼儿对某件玩具掌握到何种程度就是达到应有的发展水平了，我们的课程要有规划，教师也要了解得清清楚楚，然后做到有效指导。幼儿在这样一个基础上与玩具互动，既获得了基本发展，又适应了个体差异，也同时拥有了个性化发展的空间，体现了游戏的自由。

本《手册》对玩具的分类与各年龄班规划，就是根据教育目标选择确定的。例如，托班重点考虑到满足幼儿的情感需要，玩具多以柔软的材料和卡通形象为主；小班重点考虑到发展幼儿感官，玩具突出其色彩、外形、质地等特征；中班重点考虑训练幼儿的动作技能，玩具突出其可操作性；大班以培养幼儿交往能力和合作精神为重点，玩具强调这些方面的使用功能。除此之外，幼儿的兴趣、智力、能力、主题等其他方面的年龄差异也是划分各年龄班玩具的重要因素。

六、尊重幼儿个体差异原则

2～6 岁幼儿的游戏兴趣，呈现出个人爱好等方面的各种区别。并且年龄越大，这些区别也就越显著。例如 2～3 岁的幼儿，他们对宠物玩具的爱好几乎是一致的，每个孩子都抱着一种玩具，用同样的方法来玩。因此，无论是建筑区还是操作区，幼小的儿童都会参与其中，并且愿意玩同样的玩具。但是 3 岁以后，随着幼儿性别意识的增强和独立性的增强，特别是大脑皮层的发育显示出性别上的不同，幼儿之间在选择玩具上就开始出现男女孩子的差异。一般来说，男孩子在操作活动中喜欢选择抽象性的材料，进行象征性的表达，对结果的追求更侧重趣味性，感觉好玩；女孩子则喜欢选择有指向性的材料，进行具体性的表达，对结果的追求更侧重观赏性，感觉好看。例如在建构游戏中，对班级中投放的标准性普通积木和低结构的插塑，男孩子就喜欢用来造型，搭建各种各样的高楼和桥梁，插接成枪炮追跑着玩。而女孩子则对带有童话色彩的搭建材料情有独钟。如喜欢选择小型彩色积木在桌面上搭建，搭建过程中更关注造型上的对称和色彩的搭配。她们也喜欢选择“农庄”、“城堡”等主题性插塑进行抒情性的搭建。再有，男孩子喜欢纯粹的动作，不太在乎结果。比如玩工具性的玩具，就是纯粹地拧螺丝，使用扳子，来来回回地拆卸；而女孩子就希望能制作成可供欣赏的成品。经常依赖于范例、作品展示，或教师提供的辅助材料引导游戏的方向。

男女孩子在性别上的差异还有很多，如果教师能够留心观察他们对玩具的不同反应，就会发现这其中的差别，归纳出相应的规律。在幼儿园为孩子们购买和提供玩具之时，我们提倡要兼顾到幼儿的性别差异。并且我们也认为，只有投放了适合男女幼儿各自特点的玩具，调动了他们双方的积极性，才有可能使区域游戏的目标真正落实到每一位幼儿。

至于幼儿之间的个体差异，几乎每一个班级中都会有几名行为表现或兴趣爱好特殊的儿童。在区域游戏中，尽可能满足他们的特殊需求，也是尊重幼儿发展需要的体现。

玩具在教育实践中的分类

玩具的分类首先是在六大类游戏划分基础上进行的，但在更进一步划分的层次上，玩具与游戏存在着一定的区别。因为在幼儿园教育实践中，创设游戏环境，提供玩具与游戏材料是一回事，开展各种类型的游戏则又是另一回事，二者是既有联系又有区别的两个不同概念。前者是游戏的物质形式，它需要明确场地、设备、玩具和游戏材料这些有形的物质基础，是“活动区目标化”的物质载体；后者则是游戏的活动形式，它需要明确范围、内容、性质或方向等操作层面的各种因素，是“活动区目标化”的实现过程。即“死”的环境、玩具和材料，需要在游戏过程中“活”起来。或者说，同样的玩具材料会在不同的活动区，不同的游戏活动中得到使用，发挥不同的作用。

尽管本《手册》不是讲述游戏的，但为了说明玩具、材料的划分不等同于游戏的划分，游戏的开展需要根据教育实际从整合的角度发挥各类玩具的使用功能，而不是把玩具等同于固定的学具，只局限于特定的玩法，或者把幼儿的玩当成各种训练，忽略了游戏在满足幼儿智能长项上带动全面发展的作用，课题组在根据六大类游戏对玩具和材料做出划分之前，也特别对游戏的具体划分给予了简要的说明。

一、运动类游戏与玩具的划分

1. 运动类游戏的划分。

在幼儿园中，幼儿在室内外运动场所进行的自定运动项目、自选运动器械或手持玩具，以身体运动为主要形式的游戏或活动，我们称之为运动类游戏。由于此类游戏存在着活动性质、玩法和规则等方面的不同，我们又把它进一步划分为娱乐、规则和创新三个类别。

娱乐类：在室内外运动场地，以放松幼儿心情，满足幼儿轻松、随意、好奇等心理需要为主要特征的游戏被称之为娱乐类运动游戏。玩娱乐类运动游戏可以陶冶幼儿的性情，释放压力，使身体彻底放松，有利于身心健康。

规则类：在室内外运动场地，以一定的行为准则和规定性动作为运动方式，围绕一定内容、情节而开展的游戏或活动被称之为规则类运动游戏。玩规则类运动游戏可以发展幼儿身体的协调、平衡能力和运动的力量、速度、灵活性，并有利于脑功能的充分发育。

创新类：在室内外运动场地，以玩玩具为主要特征，体现一种玩具多种玩法或一组玩具玩出不同组合的游戏与活动被称之为创新类运动游戏。玩创新类运动游戏有利于调动幼儿参加体育活动的兴趣，增强单位时间内锻炼的密度，扩大基本动作练习的范围，并有利于思维的灵敏性和想象力、创造力的发展。

以上三种运动类游戏的开展，共同促进了幼儿体质的增强和体能的协调发展，也满足了他们在活动兴趣和发展需要上的多元性。而游戏所凭借的物质载体，是运动玩具。

2. 运动类玩具的划分。

在幼儿园中，以促进幼儿身体活动为主要特征的玩具材料，我们称为运动类玩具材料。由于运动类玩具材料在使用场地、使用功能和物品形态等方面存在着明显差别，我们又把它们进一步划分为大型体育设施、中小型体育器械、手持轻器械和自然物四个类别。

大型体育设施类：幼儿园运动场地中布置的、个体比较大、不易挪动的运动设施我们称之为大型体育设施。大型体育设施主要用来训练幼儿的大肌肉动作，如攀登、滑行、摇荡、旋转等。幼儿大肌肉动作协调能力的发展是幼儿神经系统健康发育的基础，它影响到幼儿对身体重力、平衡、位置、重心等本体感觉的发展，本体感觉与视觉、动作相互协调能力的发展和大脑指挥中枢控制能力的发展等。

中小型体育设施类：幼儿园运动场地中布置、投放的可以移动的运动器械被称之为中小型体育设施。中小型体育设施主要可以锻炼幼儿肢体的多方面协调性，如爬行、投掷、弹跳、走平衡等动作中多种因素的相互协调。幼儿肢体协调性的发展可以促进幼儿感觉系统的成熟，例如触觉敏感度、距离感、方向感等；对于正处于感觉—运动发展阶段的幼儿，也有利于他们思维能力和学习能力的成熟。

手持轻器械类：为了让幼儿开展运动游戏而提供的可以搬动的易于取放的玩具和游戏材料，我们称之为手持轻器械。手持轻器械可以增进幼儿对运动游戏的兴趣，促进小肌肉灵活性、协调性的发展。如玩球、玩包、玩捉尾巴游戏等。幼儿小肌肉灵活性协调性的发展有利于他们掌握其他的生活技能和学习技能。

自然物类：为幼儿玩沙、玩水和玩其他自然物而提供的设备、工具、玩具和游戏材料，我们称之为自然物类玩具，如沙池、水箱和配套的玩具。玩自然物类玩具可以发展幼儿的皮肤觉和触摸觉，让幼儿更好地感知物体的自然形态，观察它们的变化，促进思维能力的发展。

二、角色类游戏与玩具的划分

1. 角色类游戏的划分。

在幼儿园中，幼儿按照自己的意愿、兴趣、经验、能力扮演角色，通过模仿和想象，独立自主地、创造性地反映现实生活及对成人社会的幻想的游戏被称之为角色类游戏。由于此类游戏存在着扮演内容由自身生活逐渐向外部世界扩展的特点，我们把它们划分为自我体验、家庭扮演和社会扮演三大类。

自我体验类：以关注自身情感为中心内容的游戏被称为自我体验类角色游戏。例如宠物角、知心角。其游戏内容主要是幼儿与自己依恋的宠物和与亲密的伙伴独处一隅，获得对自己认同，满足在家庭外建立亲密关系的心理需求。玩自我体验类游戏，有助于幼儿获得安全的感受，学会释放心理压力，建立自信。

家庭扮演类：以家庭生活为中心内容的游戏被称之为家庭类角色游戏，其内容主要是扮演娃娃家或故事、童话情景中动物、人物的家。玩家庭类角色游戏有利于幼儿自由地再现和交流已有的家庭生活经验，通过相互间经验和技能的整合获得学习，并在“家庭”范围内学会同几个小伙伴合作游戏再逐渐扩展到更大的范围。

社会扮演类：以社会生活为中心内容的游戏被称之为社会类角色游戏，其主要内容有商店、医院、餐厅、美容美发、交通、学校、旅游等。玩社会类角色游戏有利于幼儿相互交流已有的社会生活经验，学会同伴之间的合作和友好相处。

以上三类角色游戏的开展，有助于提高幼儿对自己情绪的理解和对他人表情、说话、手势、动作的敏感程度，培养他们察觉、体验他人的情绪、情感并做出适当反应的能力。而游戏所凭借的物质载体，就是各类角色玩具材料。

2. 角色类玩具材料的划分。

在角色游戏中，我们把玩角色扮演所需的玩具材料统称为角色类玩具材料。由于这类玩具材料在环境布置、游戏题材和操作内容上存在明显的区别，我们把它又进一步划分为宠物角、知心角、娃娃家、商店、餐厅、美容美发店、医院、银行、邮局、加油站、学校等不同类别。

宠物玩具：在宠物区中投放的玩具或幼儿自带的玩具物品被称之为宠物玩具，包括宠物区环境的创设。宠物区环境与玩具的作用是吸引幼儿的注意、分散和减少他们在远离亲人的陌生环境中对亲人的思念，并在环境的感染和教师的爱护下体会到家庭般的温暖，从而逐渐适应幼儿园的集体生活。在小班后期，宠物玩具区的游戏内容从对物品的简单依恋逐渐向内省扩展，引导幼儿意识到自我和他人。环境上改变为知心角：在知心角中投放的或幼儿自带的玩具材料被称之为知心角玩具，包括知心角环境的创设。知心角环境和玩具的作用是针对幼儿正处于较强的自我中心意识阶段，同伴之间容易引起冲突，产生消极的情绪。利用知心角引导幼儿用正当的方式调整情绪、解决问题；另外幼儿也具备了一定的自我认识，对人和事有了自己的看法，需要和自己喜欢的好朋友一起说说悄悄话，知心角为满足他们的愿望提供了机会。

娃娃家：以家庭生活为中心内容的玩具材料被称之为家庭类玩具材料。幼儿园家庭类玩具材料投放的地点是娃娃家，包括各种家具、用具和娃娃。娃娃家玩具材料的提供可以创设出幼儿所熟悉的“家庭”气氛，引发幼儿产生扮演家庭成员的愿望，体验家长对“娃娃”的关爱和家庭成员之间的亲情关系。家庭类玩具材料的提供还有利于让幼儿模仿家庭生活中的各种动作，培养他们的动手能力；模仿家庭成员的社会生活，培养生活能力和交往能力。

商店：以各种商品销售活动为中心内容的玩具材料被称之为商店类玩具材料，包括超市、食品店、服装店、花店等商店题材。商店类玩具材料主要是各种模拟性商品和货物架、收银台等设备设施。幼儿通过对商品的整理可以发展分类能力，通过角色扮演体验商品交换过程中的商品关系和人际关系，发展数学能力和获得理财经验。

餐厅：以制作和销售各种饭菜和面点为中心内容而提供的玩具材料被称之为餐厅类玩具材料，包括各种饭馆、快餐店、小吃店等。餐厅类玩具材料的提供主要是模拟食品和制作食品所需的工具、模具和材料。幼儿通过对各种饮食或快餐的制作可以发展动手能力；通过对客人的服务，培养为别人着想的意识和解决问题的能力；通过买卖交换过程发展运算能力。

美容美发：以理发、烫发、美容、化妆等为中心内容而投放的玩具材料被称之为美容美发类玩具材料，包括梳妆台等设施和各种模拟工具、用具。幼儿通过扮演美容美发活动可以增强性别意识，满足爱美的情感和培养审美能力；通过对顾客的服务，培养为别人着想的意识和解决问题的能力。

医院：以看病和治疗疾病为中心内容而投放的玩具材料被称之为医院类玩具材料。医院类玩具材料可以引发幼儿扮演医生和其他医护人员的愿望，通过摆弄各种“医疗器械”发展动手能力，通过“看病”发展与病人沟通交流的能力，通过“治疗”提高自我保健的意识。

银行：以存款、取款为中心内容而投放的玩具材料被称之为银行类玩具材料。银行类玩具材料的提供可以引发幼儿扮演银行工作人员的愿望，并为其他角色游戏的开展提供“资金”上的支持。幼儿通过在银行存款、取款的过程，可以发展数学能力和书写能力；通过管理自己的“账户”培养理财的意识。

邮局：以邮寄信件和提供各种快递服务为中心内容而投放的玩具材料被称之为邮局类玩具材料。邮局类玩具材料的提供可以满足幼儿扮演邮局类游戏活动的愿望，使幼儿能够通过口头语言之外的方式，传达自己的信息和对别人的情感，增进对成人社会中介服务的了解。

加油站：以为汽车加油或提供汽车修理服务为中心内容而投放的玩具材料被称之为加油站类玩具材料。加油站类玩具材料的提供，能够满足幼儿对汽车和使用工具的兴趣，培养幼儿的动手能力；也可以让他们获得一些汽车的常识和交通安全的知识。

学校：以扮演小学校园生活为中心内容而投放的玩具材料被称之为学校类玩具材料。学校类玩具材料的提供可以满足幼儿了解小学生活的好奇心，激发他们上小学的愿望。幼儿通过扮演“教师”和“学生”可以获得上课的体验，建立初步的学校规则意识；通过模仿校园生活，为入小学奠定心理和行为习惯两方面的准备。

三、建构类游戏与玩具的划分

1. 建构类游戏的划分。

在幼儿园，我们把利用玩具或材料来塑造物体形象，反映周围生活外貌特征或心目中假想世界的游戏称作建构类游戏。由于建构类游戏在内容上存在着活动场地和表现形态等方面的差异，我们又把它们进一步划分为大型建构、小型建构和自然物建构三个类别。

大型建构类：利用个体较大的玩具在地面上建构建筑物或其他物体的活动我们称之为大型建构类游戏。例如用积木盖房子、搭桥修路，用组合插塑制作家具、玩具等。玩大型建构类游戏有利于发展幼儿的大肌肉动作，发展他们的数学能力和空间智能，培养观察力、表达表现力和审美能力，并促进想象力、创造力的发展。

小型建构类：利用个体较小的玩具在桌面上建构建筑物或其他物体的活动我们称之为小型建构类游戏。例如用插塑插车辆、武器，用小积木盖房子等。玩小型建构类游戏有利于发展幼儿小肌肉的力量与灵活性，培养幼儿对色彩、形状、空间位置等要素的准确感受和表达能力，并促进想象力和创造力的发展。

自然物建构类：运用沙、水、冰雪等自然材料表现建筑物体的玩法我们称之为自然物建构。自然物类游戏所利用的材料属于不定型材料，它们具有灵活多变的特点，有利于幼儿探究能力的发展；玩自然物类游戏也能够发展幼儿对皮肤的本体感，培养动手能力、想象力、创造力和表现能力。

以上三种游戏的开展共同促进了幼儿建构能力的发展，为他们学习数学、发展空间知觉、培养设计和审美能力奠定了基础。而游戏所凭借的物质载体，有三类建构玩具。

2. 建构类玩具的划分。

在建构类游戏中，我们把引导幼儿开展建构活动的玩具材料称作建构类玩具。由于建构类玩具在游戏场地、材料质地、操作方式和使用方法上均存在明显差异且发挥的作用不同，我们又把它进一步划分为搭建、插装和组合建构三个类别。

搭建类：建构类游戏中使用的可拼接、垒高、砌接的玩具材料是搭建类玩具。幼儿园搭建玩具的主要场所是积木区，玩搭建游戏的主要材料是木制积木。

但对 2～3 岁的低龄幼儿，提供塑料泡沫和纸质积木则比较安全，也在一定程度上降低了操作的难度。

积木的标准化是幼儿感知几何形体，体验物体整体与部分之间关系的物质保证；搭积木的过程也有利于促进幼儿运动智能和大小肌肉协调性的发展，培养空间概念和方位知觉，激发想象力和创造力。辅助材料的提供是为了支持幼儿更好地表现搭建题材。适宜的辅助材料可以激发幼儿搭建的兴趣，使他们更好地调动已有经验，从而在游戏过程中促进综合能力的充分发展。

插装类：建构类游戏中使用的可插接、可组装的玩具是插装类玩具，其成品可以展示也可以作为玩具使用，例如低结构的或主题性的插塑，齿轮安装玩具等。插装玩具的质量是促进幼儿在游戏中获得发展的基本条件。合格的插装玩具材质要结实不易破损，尺寸严密好插不松动。其中插装玩具的连接方式有很多，有拼插连接、镶嵌连接、齿轮连接、组装连接、磁性叠接等。不同的连接方式可以扩展幼儿的思维并使之趋于灵活。组装玩具在玩的过程中要使用工具，例如用螺母组装车辆或用铁钉进行木工操作。玩组装玩具可以让幼儿练习使用工具，培养他们对科学和效率的认识与感受，但难度较大，适合在年龄较大的幼儿中开展。辅助材料的提供是为了启发幼儿的思路并为他们提供发展的台阶。适宜的辅助材料有利于增强幼儿插装的愿望和兴趣，鼓励他们在原有基础上获得进一步发展。插装游戏在室内外都可以开展，但需要有玩具柜、操作台和作品展示台，还要有供孩子玩耍插装作品的地方。

混合建构类：建构类游戏中使用的、通过其他中介物体实现建构目的的自然材料或仿自然玩具，我们称之为混合建构材料，例如泥土、沙土混合清水形成建筑材料；石头、砖坯混合黏结材料构建墙体等。混合建构材料特别符合幼儿喜欢探究的心理，满足他们到大自然中去感受生活的愿望。由于混合建构类材料多为取之于大自然，特别适合农村幼儿园广泛使用。辅助材料的提供有利于增强游戏的兴趣，如玩具动物、植物、人物、车辆、房屋模型等，使活动富有主题情趣。操作用具和劳动工具的提供还可以训练幼儿使用工具，发展小肌肉的灵活性。此外，游戏时采用的安全、卫生措施，如系围裙、使用水桶、毛巾等，更是赋予幼儿生活化的游戏。

四、益智类游戏与玩具的划分

1. 益智类游戏的划分。

在幼儿园中，我们把利用多种玩具材料来感知探索、形成知识、发展思维和智力的游戏称作益智类游戏。由于此类游戏存在着活动形式与方法的不同，我们又进一步把它们划分为种植养殖、操作、规则、科学、阅读五个类别。

种植养殖类：在幼儿园种植养殖园地和班级中的种植养殖场所开展的观察、操作和探索活动被称之为种植养殖类游戏活动。种植养殖活动适应了幼儿喜爱大自然、热爱小动物和好探索的天性，可以培养他们爱劳动的情感和对动植物的责任心，提高观察、记录的能力，使幼儿养成科学的态度和尊重科学的精神。

操作类：在益智区中，以用手任意摆弄玩具或材料为特征的游戏被称之为操作类游戏。玩操作类游戏在规则上没有特定要求，幼儿可以依据自己的兴趣选择操作方法，也可以根据游戏的具体需要随时制定和调整操作要求。玩操作类游戏可以满足幼儿好动手的需求，有利于促进他们感官的灵敏性和手指的灵活性，提高生活自理能力，也为将来的书写能力打下良好基础。

规则类：在益智区中，以脑力活动为主要特征，遵循特定规则和活动目标对玩具和材料进行操作的游戏被称之为规则类游戏。规则类游戏有自身特定的行为和逻辑要求，例如下棋、镶嵌、接龙等。由于有明确的游戏规则，游戏结果就显示出对与错的结局。规则类游戏可以调动起幼儿战胜困难，向自我挑战的勇气，发展他们的运算和推理能力，促进思维和认知水平的发展。

科学类：在益智区中，利用一些特定的工具与方法对生活中出现的某些事物进行探究实验的活动被称之为科学类游戏。科学类游戏能够培养幼儿对周围事物的好奇心，引导他们通过观察和探究了解事物的因果关系，养成科学的态度和爱科学的精神。

阅读类：以阅读为主要目的的活动与游戏被称之为阅读类游戏。幼儿期的阅读侧重的是画面阅读，如对图画书和影视、多媒体作品的阅读，并在此基础上产生对符号、文字的阅读兴趣。幼儿园为幼儿提供丰富的阅读环境和形式多样的活动，有利于提高幼儿对图书和语言、文字的兴趣，养成自主学习和爱读书的良好习惯。

以上五种游戏的开展，共同促进了幼儿思维能力的发展，为他们将来的正规学习奠定了良好基础。而游戏所凭借的物质载体，有五类益智游戏材料。

2. 益智类玩具材料的划分。

在益智游戏中，我们把用来感知探索、形成知识、发展思维和智力的玩具材料称之为益智类玩具。由于此类玩具材料存在着活动形式和内容、方法的不同，我们又进一步把它们划分为种植养殖、操作、规则、科学和阅读五个类别。

种植养殖类：在种植养殖活动中使用的各种工具被称之为种植养殖类玩具材料，例如可观察植物根部变化的种植箱、携带方便的昆虫捕捉箱等。种植养殖类玩具材料不仅可以帮助幼儿学会使用工具，较顺利地完成劳动任务，其特殊的材质和设计还能方便幼儿观察、记录动植物的活动和生长变化。

操作类：在操作游戏中使用的，可以按游戏者意愿灵活摆弄、创造出不同形象的游戏材料被称之为操作类玩具，例如穿珠、七巧板等。操作类玩具有利于发展幼儿的感官和手指的灵活性，培养幼儿心灵手巧，还能培养他们的想象力和创造力。

规则类：在规则类游戏中使用的，以开展智力活动为主要特征的玩具材料被称之为规则类玩具，例如拼图、扑克、跳棋等。规则类玩具在玩法上必须遵守特定的游戏规则，但可以制定不同的难易程度。这类玩具能够培养幼儿爱动脑筋的习惯，有助于提高他们的思维能力，促进意志品质的发展。

科学类：在科学类游戏中使用的各种游戏材料被称之为科学类玩具，例如探究声、光、电、磁、热、力等方面的玩具材料。科学类玩具有助于帮助幼儿发现和了解一些科学现象，培养他们对科学的爱好和探究能力。

阅读类：在阅读区中投放的，以培养幼儿阅读兴趣和阅读能力为主要特征的图书和阅读材料被称之为阅读类玩具材料，例如图书、木偶台和布带手偶、故事磁带等。多种多样的阅读材料可以满足不同爱好、不同水平的幼儿对阅读活动的需求，培养他们对阅读的兴趣，养成良好的阅读习惯。

五、美艺类游戏与玩具的划分

1. 美艺类游戏的划分。

在幼儿园中，利用美术工具或材料来描绘或塑造物体形象，反映周围生活和表达情绪情感的活动称为美艺游戏。由于美艺游戏的材料和工具在内容和形式上有较大差异，我们又进一步把它们划分为绘画、艺术创作、玩具制作三个类别。

绘画类：利用笔和工具在纸或版面上描画物体的活动是绘画类游戏，如水彩画、版画、刮画等。玩绘画类游戏可以发展孩子对色彩、线条、形状、构图等空间关系的敏感以及通过图形将它们表现出来的能力。丰富多彩的绘画类材料还能够陶冶幼儿的心灵，激发他们对生活的热爱，培养艺术审美能力和感受力。

工艺创作类：利用民间美术工艺材料塑造艺术作品的活动是工艺创作类游戏，例如扎染、脸谱、剪纸等。玩工艺创作类游戏可以使幼儿体验到艺术独特性的魅力，培养他们对民间艺术的欣赏与喜好之情，增进对艺术的心灵感受，萌发动手动脑大胆创作的愿望。

玩具制作类：利用盒子、瓶子、纸张、果壳等废旧材料制作玩具的活动是玩具制作类游戏。玩玩具制作类游戏可以使幼儿变得心灵手巧，培养他们的环保意识，发展他们的空间智能，促进观察力、想象力和创造力的发展。

以上三种游戏的开展，共同促进了幼儿美术能力的发展，为他们参与美术活动、发展艺术审美能力，培养空间知觉和艺术表达能力奠定了基础。而游戏所凭借的物质载体，有四类美艺材料。

2. 美艺类玩具材料的划分。

在美艺类游戏活动中，我们把用来描绘或塑造物体形象，反映周围生活和表达情绪情感的工具或材料称为美艺类玩具材料。由于美艺类玩具材料在形态、质地、使用方式等方面存在较大差异且发挥的作用不同，我们又进一步把它们划分为绘画、民俗艺术、手工制作和作品欣赏四个类别。

绘画类：美艺类活动中用来探索颜色、线条和描绘物体形象所使用的各种纸、笔或工具我们称之为绘画类玩具材料。绘画类玩具材料可以满足幼儿动作的需要和情感需要，训练小肌肉的灵活性和手眼协调能力，发展他们的空间—运动智能，促进观察力、表达力和创造力的发展。

民俗艺术类：美艺类活动中使用的、用来反映民间艺术的各种材料，如各种各样的纸、布、绳、面具等乡土材料我们称之为民俗艺术类材料。民俗艺术类材料选材广泛，使用方法巧妙独特，民族色彩浓郁，可以开拓幼儿的视野，体会民族风情的精神魅力，激发对艺术的爱好和审美情感。

手工制作类：美艺类活动中使用的、用来制造物体或玩具的废旧材料、自然物和各种工具是手工制作类玩具材料。手工制作类的主要材料来自于生活中的废旧物品，其来源广泛，且幼儿可以大胆使用，不会因怕浪费而限制其想象力、创造力的发挥，因此，可以充分满足幼儿的使用需要。手工操作在难易程度上跨度较为宽泛，既可以简单也可以复杂，对动手能力不同的幼儿均能够适应并使之获得成功感。玩手工制作类游戏也可以发展幼儿的空间—运动智能，促进其观察力、表达力和创造力的发展。

作品欣赏类：幼儿园环境中提供的，用于培养幼儿艺术审美能力的作品和装饰作品的材料是作品欣赏类材料。其中，适于幼儿欣赏的作品一般是反映美好事物的，范围可以非常广泛。作品来源可以从商店购买，也可以利用电脑加工制作，还可以发动教师、幼儿自己创作。另外，美术作品展示过程应尽可能让幼儿参与，例如让他们用材料去制作和装饰画框，为作品创作底框等。装饰和欣赏各式各样艺术作品的过程可以启迪幼儿的美好心灵，陶冶情操和性格，培养美术审美能力，并为他们的艺术创作活动奠定认知与表现的基础。

六、表演类游戏与玩具的划分

1. 表演类游戏的划分。

在幼儿园中，我们把利用器乐、歌舞或扮演文艺作品中的角色来抒发情绪、情感，表达对生活和文艺作品的理解的游戏称作表演类游戏。表演类游戏是人类天赋的想象、象征能力和表现欲望在儿童世界中的表达形式，深受幼儿的喜爱。由于此类游戏存在着表演道具和表达方法的不同，我们又进一步把它们划分为器乐、歌舞和戏剧三个类别。

器乐类：运用各种打击乐器并配合其他音乐形式表现音乐作品的活动是器乐类游戏。器乐游戏有利于培养幼儿对节奏、音调、音色和旋律的敏感以及通过演奏、伴奏等形式来表达自己的思想或情感，学会与乐曲和其他演奏者相互协调配合。

歌舞类：在幼儿园创设的歌舞表演环境背景下，运用一定的视听设备和表演道具自由唱歌跳舞的活动是歌舞游戏。歌舞游戏可以满足幼儿对音乐和舞蹈的喜好，使他们感受、辨别、记忆音乐和舞蹈的能力得到提高，在学会用歌声和肢体语言表达自己感受的同时形成积极开朗的性格。

戏剧类：在幼儿园创设的舞台环境背景下，使用一定的道具和材料，通过扮演角色的方式对文学作品进行再现、加工和创造的活动被称之为戏剧游戏。戏剧游戏有利于培养幼儿对文学作品的兴趣，有效地利用文学和生活语言去描述事件、表达想法并与他人交流。

以上三种游戏的开展，共同促进了幼儿表演能力的发展，为他们参与音乐和表演活动，掌握基本的知识和技巧，培养对舞台艺术的感受力和审美能力，发展语言和想象力、创造力奠定了基础。而游戏所凭借的物质载体，有三类表演材料。

2. 表演类玩具与材料的划分。

在表演类游戏中，我们把用来抒发情绪、情感，表达对生活和文艺作品的理解的物品称作表演类玩具材料。由于此类玩具材料存在着质地、使用方式的明显差异且发挥的作用不同，我们又进一步把它们划分为乐器、道具和设备三个类别。

乐器类：表演游戏中使用的、用来表达乐音或乐曲，或者为乐曲进行伴奏的各种物质材料称之为乐器类游戏材料。适于幼儿园使用的乐器类材料不仅限于正规的演奏和打击乐器，还可以有各种仿乐器玩具。乐器和乐器类玩具可以训练幼儿的听力和节奏感，培养他们对音乐的爱好和手眼协调能力，并学会与其他演奏者相互协调配合。

道具类：表演游戏中使用的、用来扮演角色或表现表演场景的各种物质材料称之为道具类游戏材料。道具类游戏材料有利于激发幼儿表演的兴趣，提高他们表演的目的性，增进对内容情节和人物关系的了解。

设备类：表演游戏中使用的各种电子设备称之为设备类。表演设备的提供方便了幼儿的表演，可以带动各类表演游戏的开展。

需要说明的是，以上玩具分类中，无论对游戏还是对玩具功能的阐述，都是针对其特殊性而言的。至于幼儿五大领域的综合发展，特别是幼儿社会性的发展是应该渗透在所有项目之中的。之所以没有被列举是为了在文字上避免重复，也防止造成在教育实践中活动区的目标以全盖偏，削弱了各类游戏和玩具在自身上所具有的突出教育价值与发展价值。我们认为：在具体教育实践中，没有活动内容上各自的特殊性，就没有高质量的教育共性。

第二部分 分 类

运 动 类 玩 具

一、大型体育设施

（一）攀登滑行类

1. 攀登滑行类玩具与幼儿身心发展特点。

攀登对于幼儿整个身体、心理，尤其是空间知觉等方面的发展具有重要的作用。攀登能强壮幼儿的肌肉，发展幼儿的身体控制能力，并能使幼儿适应周围环境变化的景象。当幼儿在高处时，发现看到的与听到的事物都发生了一些变化。有时幼儿还需要根据声音的大小，他们的身体位置以及运动来判断高度和距离。在攀登过程中，幼儿必须确定攀登的方向，如向上、向左、向斜方向移动等。幼儿还需要确定自己想要达到的空间位置，需要移动的距离，移动所需要的时间等等。幼儿在各种设备上移动时，需要不断调整自己身体的角度和位置，以便能调节身体重力的牵拉，保持身体的平衡。这种调整是通过以下两个方面建立起来的：一是动觉，二是通过身体精确地协调来保持身体的平衡。幼儿在从一个位置移动到另一个位置时，必须判断首先应该移动身体的哪一个部位，以及必须把身体的重心放在哪一个位置才能保持平衡，这时整个身体的控制，尤其是大肌肉的控制，便是对幼儿的一个挑战。攀登除了能促进幼儿身体运动的发展，如平衡机能，对身体的控制能力，以及空间知觉、时间知觉以外，还能增强幼儿的自信心和自我意识，这是建立肯定的、健康的自我所必需的和重要的先决条件。

滑梯对于幼儿的挑战，除了表现在需要进行攀高本身的技能外，还表现在：幼儿必须登到滑梯的顶端，这需要战胜和克服心理上的恐惧感；当幼儿坐在滑板上往下滑动时，必须处理好身体重心的牵拉，控制身体下滑的速度以及保持身体的平衡。而当幼儿学会滑滑梯，并从中获得一种平衡感的时候，他们便能发现通过自己练习和探索而取得成功的自我价值感。

2. 攀登滑行类玩具的投放功能与幼儿行为表现。

年龄班	投放功能	行为表现
2～3岁	能增强幼儿四肢的肌肉力量，尤其是手的握力和手臂的肌肉力量 克服心理恐惧，培养幼儿勇敢精神	当幼儿看到一件大型攀登设备时，他很想去尝试攀登。当他登上高一点，感到高度的变化时，会有一点恐惧，要求下来。教师的鼓励能帮助幼儿克服恐惧，坚持登上去，并在教师的保护下，勇敢地滑下来
3～4岁	发展幼儿大肌肉力量及动作的协调性、灵活性 促进幼儿攀登能力及前庭感（身体在运动中保持平衡的能力）的发展 克服心理恐惧，培养幼儿勇敢精神 建立初步的秩序感	幼儿已经能够比较熟练攀上和滑下，并非常乐于反复尝试这样的过程。但在游戏的过程中，他们往往会忽视秩序规则，需教师不断提醒
4～5岁	发展幼儿大肌肉力量及动作的协调性、灵活性 促进幼儿攀登能力及前庭感（身体在运动中保持平衡的能力）的发展 克服心理恐惧 建立初步的秩序感	幼儿已开始尝试进行更多的攀登练习，尝试不同高度、不同角度，在攀登的过程中调整重心，保持平衡，攀到高处迅速滑下，滑下时或坐或躺，动作自如，表情轻松。在攀登的过程中，他们会交流攀登的技巧，进行一些竞赛游戏，或把想象游戏融入其中
5～6岁	促进幼儿大肌肉发展及协调、平衡、控制的能力 培养勇敢精神，能以积极的心态面对挑战，能大胆独立地尝试新的动作和新的事物 培养规则意识，建立良好的秩序感	幼儿能够自如地攀上和滑下，喜欢停留在高处，长时间地“眺望”远方，“环视”四周，以及“俯瞰”身体下方所有的事物，并从中获得愉快、新奇的情感体验。幼儿喜欢尝试各种冒险的活动，挑战攀登的难度，变换滑行的技巧。比如，从非攀登位置向上攀爬，头朝下俯伏在滑梯上滑下等。男孩比女孩更乐于尝试这样的冒险行为，并从中获得更多的快乐

3. 攀登滑行类玩具的配备。

2～3 岁

主要材料			辅助材料	
品　种	作　用	玩具举例	品　种	作　用
小滑梯 小型综合攀登架	高度适中，易于初步体验攀登及滑下的动作感受 造型可爱，具有攀爬滑的功能	动物型滑梯 宝贝花小滑梯 花园滑梯 攀爬隧道小屋	安全地垫（地毯、人造草坪、橡胶地垫、EVA地垫等） 备有小扶手	减震、安全

3～4 岁

主要材料			辅助材料	
品　种	作　用	玩具举例	品　种	作　用
小滑梯 小型综合攀登架 小型攀岩墙壁	促进攀登能力及前庭感的发展 具有组合功能，增加游戏兴趣	波浪滑梯 方堡攀爬组合 攀爬隧道小屋	安全地垫（地毯、人造草坪、橡胶地垫、EVA地垫等）	减震、安全

4～5 岁

主要材料			辅助材料	
品　种	作　用	玩具举例	品　种	作　用
中型滑梯 中型综合攀登架（带爬网） 攀岩墙壁	具有一定的组合功能，丰富游戏玩法、难度，富有挑战性 能够培养良好的运动能力及对身体的控制能力	螺旋滑梯组合 波浪滑梯组合 小神童俱乐部 躲咪咪滑梯秋千组合	安全地垫（地毯、人造草坪、橡胶地垫、EVA地垫等）	减震、安全

5～6 岁

主要材料			辅助材料	
品　种	作　用	玩具举例	品　种	作　用
大型综合攀登架 大型综合攀登架（带爬网） 攀岩墙壁	能促进幼儿大肌肉力量和运动能力的发展 培养幼儿的空间和时间知觉，增强勇敢精神	螺旋滑梯组合 波浪滑梯组合 方堡攀爬组合 隧道组合小屋 攀岩墙	安全地垫（地毯、人造草坪、橡胶地垫、EVA地垫等）	减震、安全

（二）摆动颠簸类

1. 摆动颠簸类玩具与幼儿身心发展特点。

还在婴儿时期，幼儿就能在父母的怀抱里体会到摇摆的感觉。这种摆动，会使幼儿的心情逐渐平静下来，并感觉到很舒适。随着年龄的增长，幼儿仍然想通过类似的活动重新体验这种良好的感觉。摇摆运动对于发展幼儿整个身体的动态平衡是很重要的。在摇摆的过程中，随着器材方位的变化，要求幼儿及时调整自己的身体以保持身体重心的平衡。幼儿通过这些身体运动，会逐渐认识到身体的功能、大小、重量、平衡等感觉，这将能增强幼儿整个身体的平衡感觉以及有关视觉、听觉和动觉的调节能力。这种自我感觉能使幼儿获得极大的满足，他们会反复探索这些经验，不断体验随之而来的感觉。

2. 摆动颠簸类玩具的投放功能和幼儿行为表现。

年　龄	投放功能	行为表现
2～3 岁	初步发展幼儿的平衡能力 通过程度适宜的摇摆游戏，增添幼儿游戏兴趣 感受与同伴游戏的快乐	幼儿很喜欢坐在荡船上，抓住周围的船板，轻松地享受摇荡带来的快乐。当幼儿坐在秋千上，初期会感到有点紧张，手会紧紧抓住两边的吊索，不敢被荡得太高，要求成人在旁边保护
3～4 岁	发展幼儿的平衡能力，让幼儿主动调节身体重心的平衡以及动作的协调性 锻炼幼儿腰部及腿部肌肉力量；提高幼儿基本运动功能	幼儿已经适应了秋千的轻轻摇荡，会要求推送秋千的人用力荡高一些，眼睛不再紧盯一个地方，而是放松地四下观看。幼儿仍喜欢坐荡船，和几个小朋友一起轻松地坐在椅子上摇荡
4～5 岁	发展幼儿的动态平衡能力，能较稳定地完成简单的运动平衡动作 培养幼儿的视觉调节能力，让幼儿主动感觉调节身体重心的平衡，感受与同伴共同游戏的乐趣	幼儿在荡船上可以有更多的交流，想象自己坐上小飞船、小飞机。他们可以站在荡船上，并可以由两个幼儿自发组合游戏，一人推、一人荡，配合较为默契
5～6 岁	培养幼儿的中枢神经调节能力，增强身体整体的平衡感觉 培养幼儿的视觉调节能力，在运动中体验美好、放松、舒适的情绪情感	幼儿在游戏中喜欢更加新鲜刺激的冒险活动，尝试站在秋千上靠自己腿部力量摇荡，或玩座位

3. 摆动颠簸类玩具的配备。

2～3 岁

主要材料			辅助材料	
品　种	作　用	玩具举例	品　种	作　用
秋千 荡船 摇马 弹簧坐椅	摆动颠簸类游戏有助于发展幼儿的平衡能力 摇摆舒适，舒缓儿童情绪	帆布兜秋千 动物型弹簧座椅 小摇马 摇滚金鱼 螃蟹跷跷板	安全护栏 软地面	安全，防止幼儿撞伤、跌伤

3～4 岁

主要材料			辅助材料	
品　种	作　用	玩具举例	品　种	作　用
秋千 荡船 摇马（板） 弹簧坐椅	发展幼儿的平衡能力 有助于幼儿体验放松的感觉	轮胎秋千 座椅秋千 荡船、荡桥 音乐弹簧座椅	安全护栏，安全地垫（地毯、人造草坪、橡胶地垫、EVA 地垫等）	减震、安全

4～5 岁

主要材料			辅助材料	
品　种	作　用	玩具举例	品　种	作　用
秋千 荡船（桥） 压板	发展幼儿的平衡能力 理解周围事物的变化，体会身体的感受	轮胎秋千 座板秋千 中型荡船、荡桥 跷跷板	安全护栏 软地面	安全，防止幼儿撞伤、跌伤

5～6 岁

主要材料			辅助材料	
品　种	作　用	玩具举例	品　种	作　用
秋千 荡船（桥） 压板	发展幼儿的平衡能力 体验肌肉紧张和放松的感觉，理解周围事物的变化，体会身体的感受	座板秋千 大型荡船 中型荡桥 跷跷板 大晃板	安全护栏 软地面	安全，防止幼儿撞伤、跌伤

（三）转动类

1. 转动类玩具与幼儿身心发展特点。

幼儿在转动的过程中，会逐渐认识到身体的功能、大小、重量、平衡等感觉，不断增强身体的整体平衡感觉以及有关视觉、听觉和动觉的调节能力。在转动游戏中，幼儿体会旋转的感觉，增强前庭平衡觉的刺激。这种自我感觉能使幼儿获得极大的满足和快乐。

2. 转动类玩具的投放功能与幼儿行为表现。

年龄班	投放功能	行为表现
2～3岁	通过转动类游戏，刺激幼儿前庭平衡器官的发育 帮助幼儿形成稳定、愉快的游戏情绪	由于身体整体发育的不完善，在快跑、转弯、急停时易摔倒，所以幼儿虽然喜欢玩转动类游戏，但转动速度快时，会引起精神紧张、害怕
3～4岁	能满足幼儿运动的需求 促进维持平衡所需要的力量、灵敏、平衡觉和本体觉等身心素质的提高	小班幼儿已能平衡地走、跑和跳跃，但在转弯和旋转时容易失去平衡，摔倒。所以，在转动游戏中，幼儿容易精神紧张、害怕
4～5岁	进一步发展其身体的协调性、灵敏性等素质 发展幼儿的空间知觉、方位知觉	随着幼儿力量、灵敏等素质的提高，平衡能力发展较快，能以勇敢快乐的心态选择稍有难度的转动类游戏材料。如大转桶等
5～6岁	有利于发展幼儿平衡能力 培养幼儿勇敢、自律、沉着等心理素质及意志品质	平衡能力进一步发展。平衡觉、体位觉、本体觉、注意力、力量、灵敏等素质有了很大的提高，敢于参与更有挑战性的转动类游戏。如旋转大陀螺等

3. 转动类玩具的配备。

2～3岁

主要材料			辅助材料	
品　种	作　用	玩具举例	品　种	作　用
转亭 转椅	让幼儿体会转动的感觉，促进前庭平衡器官的发育	音乐转椅 小猴抬轿转椅	安全地垫（地毯、人造草坪、橡胶地垫、EVA地垫等）	减震、安全

3～4 岁

主要材料			辅助材料	
品　种	作　用	玩具举例	品　种	作　用
转亭 转椅	让幼儿体会转动的感觉，促进前庭平衡器官的发育，提高身体力量和动作的灵敏度	飞船转椅 金鱼戏水	安全地垫（地毯、人造草坪、橡胶地垫、EVA 地垫等）	减震、安全

4～5 岁

主要材料			辅助材料	
品　种	作　用	玩具举例	品　种	作　用
转椅 转亭 转桶	让幼儿体会旋转的感觉，促进方位知觉和空间知觉的发展	亭子转椅 灯笼形转椅 大转桶	安全地垫（地毯、人造草坪、橡胶地垫、EVA 地垫等）	减震、安全

5～6 岁

主要材料			辅助材料	
品　种	作　用	玩具举例	品　种	作　用
旋转器 转亭 转椅 转桶	让幼儿体会旋转的感觉，加强前庭平衡觉的刺激。培养幼儿勇敢、自律、沉着等心理素质及意志品质	红色大陀螺 平衡旋转器 手摇旋转盘	安全地垫（地毯、人造草坪、橡胶地垫、EVA 地垫等）	减震、安全

二、中小型体育器械

（一）运行类

1. 运行类玩具与幼儿身心发展特点。

运行类游戏是幼儿非常喜爱的活动，幼儿可以依靠自己的努力以另外一种方式从一个地方移动到另一个地方，为此幼儿会产生一种兴奋愉快和自由自在的感觉。玩运行类玩具使幼儿有机会练习身体各部分的肌肉，促进大肌肉和身体控制协调能力的发展，也有利于促进幼儿大脑的灵活性和反应判断能力。

2. 运行类玩具的投放功能与幼儿行为表现。

年龄班	投放功能	行为表现
2～3 岁	使幼儿有机会练习身体不同部位的肌肉，刺激腿部肌肉的发育 使幼儿能安全、愉快地进行游戏，体验运动速度的变化	容易被色彩鲜艳、造型各异的车类玩具所吸引，愿意尝试参与此类游戏。能独立参与可推、可骑，安全舒适的车类游戏
3～4 岁	使幼儿有机会练习身体不同部位的肌肉，初步培养幼儿大肌肉及身体控制能力的发展。激发幼儿愉快的情绪和想象力	小班幼儿已有一定的平衡能力，喜欢玩三轮脚踏车、步行车等。愿意将自己想象的角色融入游戏中，如邮递员送信，运货员等，乐在其中
4～5 岁	使幼儿进一步锻炼身体不同部位的肌肉，促进大肌肉及身体控制能力的发展。初步发展幼儿空间知觉和判断能力，帮助建立起初步的规则意识和安全意识	随着幼儿力量、灵敏等素质的提高，幼儿能够勇敢地选择儿童自行车、滑板车等有一定挑战性的车类游戏，并具备一定的身体协调性和控制能力
5～6 岁	使幼儿体能、动作、平衡能力等方面获得发展，培养幼儿勇敢、坚强、不怕困难、团结协作、相互支持等良好意志品质。进一步建立自我安全意识和竞赛意识	平衡能力得到进一步发展，平衡觉、体位觉、本体觉、注意力、力量、灵敏等素质有了很大的提高，敢于参与更有挑战性的运行类游戏。如轮滑游戏等

3. 运行类玩具的配备。

2～3 岁

主要材料			辅助材料	
品　种	作　用	玩具举例	品　种	作　用
三轮脚踏车	可推可骑，安全舒适，锻炼宝宝腿部肌肉，易吸引宝宝玩车的兴趣	七星瓢虫车 喷射小车 淘气推骑车 金龟车、公主车	有宽阔运行的场地，能满足幼儿较快速地移动	安全

3～4 岁

主要材料			辅助材料	
品　种	作　用	玩具举例	品　种	作　用
三轮脚踏车 双轮小推车 步行车 大龙球	可让幼儿学习蹬脚踏板，锻炼幼儿小腿部肌肉力量	酷酷机车 双人座巡逻车 拖斗三轮车 乌龟脚踏车	有宽阔的场地，能满足幼儿较快速地移动 红绿灯、分道标等	让幼儿初步了解交通规则，增强安全意识

4～5 岁

主要材料			辅助材料	
品　种	作　用	玩具举例	品　种	作　用
三轮脚踏车 双轮小推车 步行车 大龙球	锻炼身体协调性，发展腿部肌肉力量。增添更多玩耍乐趣	儿童自行车 独轮小推车 平衡脚踏车 滑板车	宽阔安全的场地，能满足幼儿快速移动 红绿灯、分道标 人造草坪或水泥铺成的弯曲的小路	培养幼儿初步的交通规则意识

5～6 岁

主要材料			辅助材料	
品　种	作　用	玩具举例	品　种	作　用
脚踏车 双轮小推车 步行车 大龙球	锻炼幼儿身体协调性及控制车的行驶方向和速度的能力 增强幼儿相互间配合、协作的能力 发展腿部肌肉力量	儿童自行车 独轮小推车 七星瓢虫车 轮滑鞋、滑板车 旋转大滑车 三人协力车 双人协力车	因地制宜铺设的路，如：鹅卵石铺成的石子路，用土堆成的小山坡，用人造草坪、水泥铺成的小路等安全场地，能满足幼儿快速移动的需要 红绿灯、分道标	增加游戏的趣味性和挑战性 让幼儿初步了解交通规则，培养安全意识

（二）钻爬类

1. 钻爬类玩具与幼儿身心发展特点。

3 岁幼儿在自然发展中都能够掌握正面钻的动作，但多是低头、弯腰钻过，屈腿程度较小。由于空间知觉和体位知觉较差以及害怕碰到障碍物，在“钻洞”时常过早弯腰低头，过“洞”后过早直立以致身体触及障碍物。经过教学，3 岁幼儿也能掌握侧面钻的动作。钻“洞”的速度和灵活性随年龄和运动经验的增长而发展。各个年龄段的幼儿都喜欢钻被遮盖着的“洞”。

爬行是儿童最早掌握的身体移动方式。8～9个月的婴儿就会简单的爬行动作。能直立后，儿童虽然较少再用爬作为移动方式，但他们直到六七岁仍喜爱爬行。幼儿所掌握的爬行方法和动作的熟练程度以及爬行速度都随年龄增长而发展。当幼儿在地面爬动时，需要双眼与双手的活动，双手与双脚的活动交替地、协调地、有节奏地运动，这有助于发展幼儿手与脚的协调能力。爬动可以重新激起幼儿感受在婴儿时期曾经体验过的舒适和安全的感觉，当他们在地面上爬动时，常常会表现得更加轻松和愉快。

2. 钻爬类玩具的投放功能与幼儿行为表现。

年龄班	投放功能	行为表现
2～3岁	以发展幼儿钻爬动作为主，促进幼儿四肢和躯干主要大肌肉群的均衡发育	幼儿喜欢爬行，爬行时多为手膝着地爬，动作较缓慢，喜欢钻洞，但不愿钻过长的封闭隧道
3～4岁	促进幼儿掌握手膝着地爬的动作，增强四肢力量、协调和灵敏度。有利于智力的发展。初步培养幼儿对方向和体位的感知	钻爬能力明显提高，能够较灵活地完成钻、爬、走、跑的动作转换。开始尝试侧身钻，但钻的动作不够协调敏捷
4～5岁	通过钻爬活动可以培养幼儿空间知觉、方位知觉和体位知觉，培养幼儿勇敢坚强的意志品质	钻爬能力进一步增强，动作的协调性、灵敏性提高，且在钻爬过程中乐于尝试新的动作方式
5～6岁	尝试探索摆放不同的障碍，并创造性地进行钻爬动作，进一步发展幼儿的钻爬能力。培养幼儿合作意识和竞争意识	幼儿可以进行更高难度的爬钻动作，比如在爬动过程中要钻过一个低矮的障碍时，可以自然地把腹部贴住地面，采用俯卧的身体姿势，从障碍物下面钻过

3. 钻爬类玩具的配备。

2～3岁

主要材料			辅助材料	
品　种	作　用	玩具举例	品　种	作　用
弓形门 钻绳 体操垫	促进幼儿身体动作协调发展，锻炼提高钻爬能力	隧道 钻筒 弓形门 小精灵隧道	钻爬安全地垫（地毯、人造草坪、橡胶地垫、EVA地垫等）	减震、安全 提高幼儿进行钻爬游戏的兴趣

3～4 岁

主要材料			辅助材料	
品　种	作　用	玩具举例	品　种	作　用
弓形门 钻杆 钻绳 体操垫 钻筒（钻网）	让幼儿掌握多种钻爬动作，促进身体动作的协调、灵敏及大肌肉动作的发展	弓形门 钻杆、钻绳 隧道钻筒 塑料滚钻筒	钻爬安全地垫 铃铛 大纸箱 软包、球、豆袋	提高幼儿进行钻爬游戏的兴趣。丰富幼儿游戏体验，培养力量感觉

4～5 岁

主要材料			辅助材料	
品　种	作　用	玩具举例	品　种	作　用
弓形门 体操垫 钻筒 钻圈	引导幼儿持物加障碍爬等，有助于幼儿更好地发展钻爬动作，手脚协调、有节奏地交替运动	弓形门 钻杆、钻绳 塑料滚钻筒 彩虹接龙	钻爬安全地垫 铃铛 大纸箱 场地 地垫	提高幼儿进行钻爬游戏的兴趣。丰富幼儿游戏体验

5～6 岁

主要材料			辅助材料	
品　种	作　用	玩具举例	品　种	作　用
弓形门 体操垫 钻筒 钻圈	发展身体的灵敏、速度、力量等运动素质，能四肢协调地进行钻爬，培养幼儿的空间知觉和方位知觉	弓形门 钻杆、钻绳 隧道钻筒 小精灵隧道 万象组收拾袋	钻爬安全场地 地垫 铃铛 大纸箱	提高幼儿进行钻爬游戏的兴趣。丰富幼儿游戏体验

（三）掷击类

1. 掷击类玩具与幼儿身心发展特点。

3 岁幼儿已能掌握原地单手、肩侧、肩上、低手、双手头上、双手腹前等投掷动作，但动作不协调，投掷时主要是上肢用力，下肢和躯干不能协调配合，动作紧张，多余动作多，力量小，方向和出手角度不稳定，不准确，投掷距离小；4～5 岁幼儿在正常的教育环境中投掷能力发展较快；到 6 岁已能熟练掌握单手肩上、肩侧、低手、双手头上、胸前、腹前投掷动作，且全身能较协调地用力，投掷的速度与准确性明显提高。但多数幼儿的肩上投掷动作尚不够协调，出手角度和方向仍不稳定。幼儿投掷能力的发展规律是：随年龄增大而增大；男女差别大，男童优于女童，且随年龄增长差别更加明显；动作发展是由上肢用力向全身用力发展。

2. 掷击类玩具的投放功能与幼儿行为表现。

年龄班	投放功能	行为表现
2～3 岁	发展幼儿上肢运动及全身的动作。促进幼儿上肢肌肉、关节、韧带的发育，激发幼儿对掷击运动的兴趣	幼儿还无法掌握正确的投掷动作，不能动作协调地完成双手头上、单手等投掷动作，但他们很乐于尝试双手抛接或随意单手肩上投物，由于上肢力量差，投掷距离很短
3～4 岁	发展幼儿上肢运动及全身的动作，提高幼儿颈部、腿部肌肉力量和上肢肌肉力量，促进全身动作协调发展	投掷动作掌握迅速，但协调性较差，力量不足让幼儿手中的投掷物无法掷远。但颜色鲜艳的软包和球，能够激发投掷的乐趣，让幼儿愿意反复尝试并乐此不疲
4～5 岁	通过参加投掷活动增强幼儿敏锐的观察力、想象力、判断力及投准的能力	幼儿投掷的准确度、远度、动作协调性大大加强，开始尝试带有竞赛性质的复杂游戏，比如比赛沙包掷远、投准、投篮等，男孩子更喜欢参加这样的游戏
5～6 岁	发展幼儿上肢爆发力，提高幼儿掷准和掷远能力 培养幼儿竞赛、合作意识和沉着、果断、自信的心理素质	幼儿能够协调灵活地完成各种投掷动作，并且喜欢在运动状态下投掷，并打中移动的人或物，如用沙包、软球进行的“猎人打鸭子”的游戏

3. 掷击类玩具的配备。

2～3 岁

主要材料			辅助材料	
品　种	作　用	玩具举例	品　种	作　用
软球投掷物 低矮篮筐 飞盘类	通过抛、扔物的游戏，促进上肢肌肉的发育	动物投掷板 低矮篮筐 动物软飞盘 充气飞盘	较开阔的场地，能悬垂、悬挂、壁挂投掷材料的场地	能满足幼儿在投掷游戏区中安全游戏的需求

3～4 岁

主要材料			辅助材料	
品　种	作　用	玩具举例	品　种	作　用
低矮篮筐 趣味投掷板 投掷物 飞盘类	通过抛接物游戏，增强幼儿上肢肌肉力量，提高对运动游戏的兴趣	低矮篮筐 趣味投掷板 布飞盘 纸飞盘	较开阔的场地，能悬垂、悬挂、壁挂投掷材料的场地	安全，游戏中互不干扰

4～5 岁

主要材料			辅助材料	
品　种	作　用	玩具举例	品　种	作　用
投掷篮筐 投掷板 投掷物 拳击袋 飞行类	练习单手肩上、肩侧、低手投掷动作掷准，发展手眼协调能力，增强幼儿上肢肌肉力量	儿童篮球架 动物投掷板 磁性投靶 彩色拳击袋 竹蜻蜓	能悬垂、悬挂、壁挂投掷材料的场地，投掷物（如纸飞镖、流星球、降落伞、海星飞碟、火箭）	培养对不同力量的投掷材料兴趣

5～6 岁

主要材料			辅助材料	
品　种	作　用	玩具举例	品　种	作　用
投掷篮筐 投掷板 投掷物 拳击袋 飞行类	掌握单手肩上、肩侧低手投掷和双手肩上、胸前、腹前投掷动作，促进全身协调、用力掷远和掷准的能力	儿童篮球架 动物投掷板 磁性投靶 彩色拳击袋 不倒翁拳击靶	软包、球、豆袋、投掷物（如幼儿自制的风筝、飞镖、土火箭等）	感知对不同投掷材料的体验，激发投掷兴趣

（四）平衡类

1. 平衡类玩具与幼儿身心发展特点。

3 岁幼儿已有一定的平衡能力。在日常活动中，在已适应的运动环境中和较稳定的心理状态下，他们能平稳地走、跑和跳跃。但在快跑、转弯、急停、斜坡跑、跳跃落地和在不平坦地面跑时易失去平衡而摔倒。很多幼儿在较高的平衡木或摇晃的器械上走动时害怕、精神紧张、稳定性差。4～5 岁幼儿平衡能力发展很快。6 岁幼儿单脚站立时间比 3 岁幼儿增长 7 倍多。在正常教育条件下，他们能在 10～15 厘米宽、30～45 厘米高的平衡木上跑动、跳跃，跨越低障碍、转身、钻圈。经过系统教学，不少幼儿能在平衡木上单脚站立。幼儿平衡能力发展的特点和规律是：随年龄增长而增长，静力性平衡能力女孩高于男孩，平衡能力发展速度快，锻炼效果明显。

2. 平衡类玩具的投放功能与幼儿行为表现。

年龄班	投放功能	行为表现
2～3岁	有利于提高幼儿的运动功能，刺激幼儿中枢神经系统对肌肉组织与内脏器官的调节发育。培养幼儿对平衡游戏的兴趣	平衡能力较差，走路、跑步稳定性不够。初期接触平衡类游戏时对成人有较强的依赖。对走离地面有一定距离的平衡木有畏惧感，迈上需扶持，站在平衡木上比较紧张，不敢独立走过
3～4岁	发展幼儿身体的平衡能力。提高幼儿的运动功能，改善幼儿中枢神经系统对肌肉组织与内脏器官的调节功能	可以在平衡木上独自站立并尝试走出一小段距离，但由于平衡能力、体力不足，常常中途停步不敢再向前走，需要得到教师的帮助才能完成全程
4～5岁	有利于改善幼儿中枢神经系统对肌肉组织与内脏器官的调节功能，提高动作的协调性和稳定性	大部分幼儿能够双眼平视前方，较自然地从平衡木上走过。敢于尝试在平衡木上做一些略有难度的动作，如跑、双脚跳等
5～6岁	创造性地进行平衡游戏，掌握各种平衡动作 进一步发展身体的平衡能力，养成勇敢、独立精神	能在平衡木上完成一些较难的动作，并可以双手或单手持物走（跑）过平衡木。有些幼儿可以尝试在平衡木上做简单的体操动作

3. 平衡类玩具的配备。

2～3岁

主要材料			辅助材料	
品　种	作　用	玩具举例	品　种	作　用
平衡木 平衡步道 平衡梯	发展幼儿对平衡类游戏的感知与兴趣	平衡板	安全地垫、纸绳、木条、异型纸板等	安全、防止幼儿跌伤，增加幼儿游戏兴趣

3～4岁

主要材料			辅助材料	
品　种	作　用	玩具举例	品　种	作　用
平衡梯 平衡木 平衡步道	发展幼儿对身体平衡能力的兴趣。初步养成勇敢、独立精神	平衡木 百变组合平衡板 综合平衡器械	安全地垫、木条、纸板，中、大型积木，坚固的纸箱（能承重）等	防止幼儿跌伤，丰富游戏内容，培养幼儿对平衡游戏的兴趣

4～5 岁

主要材料			辅助材料	
品　种	作　用	玩具举例	品　种	作　用
平衡梯 平衡木 平衡步道 滚筒 大龙球	发展幼儿身体的平衡能力。初步养成勇敢、独立精神	平衡木 百变组合平衡板 大平衡板 综合平衡器械	安全地垫、纸绳、木块、异型纸板，中、大型积木，坚固的纸箱（能承重）等。悬挂物、跳皮筋	防止幼儿跌伤，减低游戏难度，丰富游戏内容

5～6 岁

主要材料			辅助材料	
品　种	作　用	玩具举例	品　种	作　用
平衡梯 平衡木 平衡步道 动态平衡板 大龙球	发展身体的平衡能力，养成勇敢、独立精神。有一定的高度和宽度，提高挑战性	百变组合平衡板 综合平衡器械 动态平衡车（双人游戏）	安全地垫 纸绳、木条、木块中、大型积木，坚固的纸箱（能承重）等	防止幼儿跌伤，扩展游戏难易程度，丰富游戏内容

（五）弹跳类

1. 弹跳类玩具与幼儿身心发展特点。

儿童在 2 岁左右已能依靠双腿的力量使身体跳起。2～3 岁是他们跳跃能力发展的初期。4～5 岁时期跳跃能力发展很快，动作日趋合理和丰富，跳跃的远度、高度和连续跳的时间增加很多。在正常教育条件下，相应的心理素质发展也较快。6 岁前后，在教师指导下，能熟练掌握立定跳远，双脚向上、向下、向侧跳，单脚连续跳，助跑跨跳，也能掌握助跑跳远和较复杂的、对时空和运动知觉能力与动作控制能力要求较高的小跳箱、跳皮筋、跳绳等动作。起跳时已能有意识地摆臂助跳，蹬腿和摆臂比较协调，落地时能有意识地屈腿缓冲，单脚落地时能不停顿地继续前跑。连续跳跃时动作能够连贯较好，且有较合理而稳定的节奏。对跳跃的结果比较关心，并能根据跳跃任务主动调节用力的大小。幼儿期跳跃能力发展有如下特点和规律：动作发展从无意识到有意识，从不关心跳跃距离到关心跳跃距离；跳跃距离增长快速。

2. 弹跳类玩具的投放功能与幼儿行为表现。

年龄班	投放功能	行为表现
2～3 岁	培养幼儿对弹跳游戏的兴趣，促进幼儿腿部肌肉的发育	跳跃动作还不协调，由于腿部力量差，跳跃高度、远度都不够 喜欢赋予角色形象的跳跃，如兔子跳，愿意反复尝试
3～4 岁	能够增强幼儿腿部肌肉力量，发展幼儿的弹跳力及身体的灵敏性、协调能力	跳跃动作逐渐协调，可以完成向上跳起触物的动作。对带有角色形象的跳跃游戏仍然有强烈兴趣，需要借助一些道具强化游戏的效果
4～5 岁	能够增强幼儿腿部肌肉力量，发展幼儿的弹跳力、爆发力及身体的灵敏性、协调能力，提高幼儿的耐力素质	跳跃能力发展很快，在游戏中能较熟练地完成不同动作的转换，并调整好重心，保持身体的平衡，喜欢开展一些竞赛性的游戏，能较快摸索出跳跃玩具的玩法，并对其加以创新
5～6 岁	创造性地与同伴合作进行弹跳游戏，提高幼儿的运动素质。培养勇敢、坚强、不怕困难的意志	喜欢尝试有较高难度的跳跃游戏，如小跳箱、助跑跨栏等。跳皮筋、跳绳等游戏也从单人游戏发展到可以有多人参加的集体游戏

3. 弹跳类玩具的配备。

2～3 岁

主要材料			辅助材料	
品　种	作　用	玩具举例	品　种	作　用
羊角球 悬挂物	可提供给幼儿双脚跳、双脚向上跳，促进身体协调发展	小型羊角球 小动物悬挂物(高于幼儿头顶约30厘米)	一些有响声的纵跳触物，小毛绒玩具，风铃等	引导幼儿用头和手触摸

3～4 岁

主要材料			辅助材料	
品　种	作　用	玩具举例	品　种	作　用
弹跳球 蹦床 跨栏 悬挂物	训练孩子的弹跳能力，能全面保护幼儿安全	安全弹跳床（带扶手） 羊角球 小鞍马	小兔头饰 小青蛙跳荷叶等游戏材料	增强弹跳活动的游戏性，使幼儿能更主动地参与游戏

4～5 岁

主要材料			辅助材料	
品　种	作　用	玩具举例	品　种	作　用
弹跳球 蹦床 跨栏 悬挂物 小跳箱	训练幼儿在弹跳过程中保持身体平衡。发展幼儿身体动作灵活性及反应能力	方形把手跳床 弹跳组合 带扶手的跳跳乐具	沙包、小扁担、悬挂物、头饰、小脚印、障碍物及跳绳、竹竿、皮筋等。缓冲垫子、安全地垫等	增强弹跳活动的游戏性，使幼儿能更主动地参与游戏

5～6 岁

主要材料			辅助材料	
品　种	作　用	玩具举例	品　种	作　用
弹跳球 蹦床 跨栏 悬挂物 小跳箱	在上下左右跳跃时，帮助幼儿克服本体感不足及触觉敏感不足，促进身体协调和平衡能力的发展	跳袋 安全弹跳床 粉色跳床 不带扶手的跳跳球 小跳箱	沙包、承重袋、悬挂物、障碍物及跳绳、竹竿、皮筋等。垫子、安全地垫等	增强弹跳活动的游戏性，使幼儿能更主动地参与游戏缓冲力量

三、手持轻器械

（一）球类

1. 球类玩具与幼儿身心发展特点。

幼儿玩球能力包括抛球、滚球、拍（运）球、传接球、踢球、击球等能力。它是后天形成和发展的运动能力，既受身心发展水平的制约，又受环境，特别是教育环境的影响。幼儿玩球能力是由其身体形态、结构、生理水平、心理发展水平、玩球的技能与经验以及运动素质组成的。

幼儿在 3～4 岁能初步掌握拍球，也能双手接滚来的、从高处落下的、速度不快的、方向正的球。但用手接平直传来的球很困难，因为他们难以正确判断来球的速度，难以掌握伸手接球的时间，难以掌握正确的接球手形，接球时容易让球击到胸部或丢掉。来球如果偏离其身体，他们往往不能及时向球的飞行方向伸臂接球，有时眼看着球飞走。他们能学会滚球、传接球、抛球、双手胸前推传和头上挥掷球，能踢定位球，但动作准确性差、力量小、协调性差。他们很爱玩球，喜欢玩色彩鲜艳的大球，但掌握小球较困难。

5 岁以后幼儿能初步掌握双手胸前传接球、传接反弹球、踢滚动的球、移动运球等复杂的玩球动作，动作力量、协调性、准确性较之 3～4 岁有明显提高，学习动作的能力也有很大的发展，但与学龄儿童相比还有明显的差距。这时期教育环境对他们玩球能力的发展影响很大。如 5～6 岁幼儿经过科学、系统的帮助，能掌握颠球、运球、各种踢球和停球动作，而很少踢球的幼儿甚至连定位球也踢不准。

2. 球类玩具的投放功能与幼儿行为表现。

年龄班	投放功能	行为表现
2～3 岁	发展幼儿上肢肌肉力量和手的触压觉，满足幼儿玩球兴趣	喜欢尝试把球滚出去，在后追逐，观察球的运动并乐此不疲。喜欢模仿成人或其他幼儿的玩球动作，但难以掌握要领
3～4 岁	发展幼儿上肢肌肉力量和手的触压觉，满足幼儿用不同方式玩球的兴趣	幼儿玩球的能力提高很快，可以双手接地滚球、近距离抛来的球。尝试拍球，一段时间后能够连续拍球 2～3 个
4～5 岁	发展幼儿上肢肌肉力量和手的触压觉，满足幼儿的滚球、拍球、投球等玩球兴趣	幼儿玩球的方法逐渐增多，愿意和其他小朋友一起玩传球、抛球、拍球等游戏。游戏持续时间较长
5～6 岁	发展幼儿上肢肌肉力量和手的触压觉，提高幼儿在游戏中对不同球类的控制能力 培养幼儿身体协调能力、手眼配合能力和竞赛意识	幼儿玩球的协调性、灵活性越来越强，喜欢进行篮球掷准、儿童羽毛球等游戏。男孩子喜欢模仿踢足球的动作，经过练习后可较好地掌握踢球动作，并能在一定距离内踢球入门

3. 球类玩具的配备。

2～3 岁

主要材料			辅助材料	
品　种	作　用	玩具举例	品　种	作　用
皮球 软球	具有一物多用的特点，能促进幼儿对运动游戏的兴趣 促进幼儿基本动作的发展及身体素质的提高	大皮球 小皮球 软绵球	小棍、球拍、弓形门、低矮篮筐 根据球类游戏提供安全适宜的场地	丰富游戏玩法

3～4岁

主要材料			辅助材料	
品　种	作　用	玩具举例	品　种	作　用
皮球 触摸球 充气球 软球	具有一物多用的特点，能促进幼儿基本动作的发展及身体素质的提高	大皮球 小皮球 小软球 小刺球	小棍、球拍、弓形门、低矮篮筐 根据球类游戏提供安全适宜的场地	丰富游戏玩法

4～5岁

主要材料			辅助材料	
品　种	作　用	玩具举例	品　种	作　用
皮球 触摸球 充气球 实心球 小足球	发展幼儿上肢肌肉的力量和手的触压觉 满足幼儿滚球、拍球、投球等玩球的兴趣	大、小皮球 橄榄球 小刺球 按摩球 气球	球拍、球篮、球门、小棍 根据球类游戏提供安全适宜的场地	丰富游戏玩法

5～6岁

主要材料			辅助材料	
品　种	作　用	玩具举例	品　种	作　用
皮球 实心球 足球 粘靶球	满足幼儿的滚球、拍球、投球等多种玩球兴趣	大皮球、粘靶球、保龄球、小羽毛球、小板羽球、乒乓球、小排球 台球、沙狐球、高尔夫球等	配相应的球网、球筐、记分牌、哨子、护栏等 根据球类游戏提供安全适宜的场地	丰富不同球类游戏玩法 让幼儿体验球的不同重量、质感及游戏所带来的快乐

（二）圈类

1. 圈类玩具与幼儿身心发展特点。

圆形是最基本的物体形状之一，它可以用来圈住物体，也可以沿着地面滚动，玩圈会使幼儿感到轻松自在，对他们充满了强大的吸引力。幼儿喜欢玩任何一种圈形的玩具。这种形状对幼儿来说是最容易理解的，同时这些活动还能发展幼儿控制手腕运动的能力。玩圈可以增强幼儿对圆形概念的认识，帮助他们理解有关圆形物体没有角的知识，逐渐懂得任何一种滚动的物体都能快速移动。玩圈还可以逐渐增强幼儿对物体大小和体积概念的认识，在游戏中发展平衡能力和对物体运动速度加以控制的能力。此外，幼儿还可以通过对产生物体移动的力量大小的比较，来认识由物体重量而引起的有关动量的概念。

2. 圈类玩具的投放功能与幼儿行为表现。

年龄班	投放功能	行为表现
2～3 岁	给幼儿提供探索圆的概念的机会，发展幼儿控制手腕运动的能力	幼儿喜欢玩圈，常常会把不同颜色的圈在地上排列后，在圈里走；或尝试用手拿着圈在地上滚。但玩圈的方法较少
3～4 岁	在玩圈游戏中，发展幼儿走、跑、跳、投、钻、爬等综合运动能力，发展幼儿身体动作的灵活性、协调性	幼儿会尝试把圈套在身上转呼啦圈，或把圈放在地上，连接起来做跳圈游戏。他们还会把圈放在地上滚动推行，并推出一段距离
4～5 岁	在玩圈游戏中，发展幼儿走、跑、跳、投、钻、爬等综合运动能力，发展幼儿身体动作的灵活性、协调性	幼儿不再满足单独玩圈，他们会自发地组合在一起游戏，在圈中钻来钻去，比赛转呼啦圈，把圈当作靶环，往里面投沙包等。并开始尝试玩轮胎，用力滚动轮胎，推行一段距离
5～6 岁	在玩圈游戏中，发展幼儿走、跑、跳、投、钻、爬等综合运动能力，发展幼儿身体动作的灵活性、协调性	喜欢玩圈、玩轮胎、玩木制大卷轴等，可以把圈向上抛接，可以两人以上进行滚圈游戏，并能较好地控制圈的滚动方向。幼儿会把轮胎堆放起来形成隧道或障碍，在其中钻、爬、走、跑、跳跃等。幼儿还能在游戏中发现圆形物体滚动的规律，在游戏中加入斜坡等辅材，丰富游戏的玩法

3. 圈类玩具的配备。

2～3 岁

主要材料			辅助材料	
品　种	作　用	玩具举例	品　种	作　用
塑料圈 藤圈	发展幼儿走、钻、爬方面的运动能力，培养幼儿对圈类运动游戏的兴趣	呼啦圈、体操圈	动物头饰，音乐、儿歌等	满足幼儿游戏兴趣，发展幼儿综合能力

3～4 岁

主要材料			辅助材料	
品　种	作　用	玩具举例	品　种	作　用
塑料圈 藤圈	发展幼儿走、跑、跳、钻、爬等方面的运动能力 初步发展幼儿身体动作的灵活性、协调性	呼啦圈、体操圈、小轮胎	动物头饰，音乐、儿歌等	满足幼儿游戏兴趣，发展幼儿综合能力

4～5 岁

主要材料			辅助材料	
品　种	作　用	玩具举例	品　种	作　用
塑料圈 藤圈 铁环	发展幼儿走、跑、跳、投、钻、爬等综合运动能力 发展幼儿身体动作的灵活性、协调性	呼啦圈、体操圈、小轮胎	动物头饰，音乐、儿歌等	满足幼儿游戏兴趣，发展幼儿综合能力

5～6 岁

主要材料			辅助材料	
品　种	作　用	玩具举例	品　种	作　用
塑料圈 藤圈 铁环	发展幼儿走、跑、跳、投、钻、爬等综合运动能力 发展幼儿身体动作的灵活性、协调性	呼啦圈、体操圈、小轮胎、铁环	动物头饰，音乐、儿歌等	满足幼儿游戏兴趣，发展幼儿综合能力

（三）自制类

1. 自制类玩具与幼儿身心发展特点。

利用废旧物品自制的体育游戏玩具，不仅符合幼儿身体发展的需要，又具有取材、制作方便，经济实惠，不拘一格的特点，很受幼儿的欢迎。自制的体育玩具形象生动、色彩鲜艳、多样有趣，能够激发幼儿对美的追求，让幼儿想玩、爱玩、百玩不厌，从而自然地达到锻炼的效果。

2. 自制类玩具的投放功能与幼儿行为表现。

年龄班	投放功能	行为表现
2～3 岁	吸引幼儿进行运动游戏的兴趣	对自制玩具的选择性较强，喜欢颜色鲜艳、造型可爱的玩具，游戏的持久性与对玩具的喜爱程度密切相关
3～4 岁	色彩鲜艳、造型逼真的自制类玩具，符合小班幼儿年龄特点，使幼儿更主动、更准确地做动作	幼儿喜欢在老师的带领下，模仿老师使用自制玩具做游戏。游戏的兴趣较高，在老师的引导下可以反复尝试
4～5 岁	幼儿和老师一起制作自制类玩具，使幼儿更积极主动地参与运动游戏，满足运动需要	对自制玩具的兴趣大大增强，可以在老师的游戏方法基础上，主动改变游戏玩法，创编出一些新玩法
5～6 岁	幼儿能在教师的帮助下创造和制作自制类玩具，使运动游戏的兴趣更浓厚	喜欢自己制作玩具并到户外游戏的过程，能够在游戏中发现自制玩具的问题，并主动加以修改，以获得更好的游戏效果

3. 自制玩具的配备。

2～3 岁

主要材料			辅助材料	
品　种	作　用	玩具举例	品　种	作　用
拖拽玩具 沙包 小风车	引起活动兴趣	可乐瓶车 奶罐车 布老鼠		

3～4 岁

主要材料			辅助材料	
品　种	作　用	玩具举例	品　种	作　用
沙包 推拉玩具 风车 降落伞 软棍等	满足幼儿不同的游戏需要，发展幼儿综合运动能力	软沙包 推拉车 风轮 小彩带 棉花软棍	各种废旧物品、易拉罐、碎布头、纸箱、纸板、饮料瓶等	根据幼儿游戏的需要，制作各种运动游戏玩具

4～5岁

主要材料			辅助材料	
品　种	作　用	玩具举例	品　种	作　用
马缰绳 拉力器 梅花桩 沙包等	可满足幼儿多重游戏的兴趣和好奇心	拉力器 高跷 马缰绳 梅花桩	各种废旧物品、易拉罐、碎布头、纸箱、纸板、饮料瓶等	根据幼儿游戏的需要，制作各种运动游戏玩具

5～6岁

主要材料			辅助材料	
品　种	作　用	玩具举例	品　种	作　用
纸球 高跷 马缰绳 双人鞋 纸棍	满足幼儿不同的游戏需要，发展幼儿综合运动能力	拉力器 高跷 马缰绳 沙包 双人大鞋	各种废旧物品、易拉罐、碎布头、纸箱、纸板、饮料瓶等	根据幼儿游戏的需要，与幼儿一起制作各种运动游戏玩具

四、自然物类

1. 自然物类玩具与幼儿身心发展特点。

利用自然物开展游戏是幼儿认识自我，探索、体验和认识外部环境的重要方式，它有益于幼儿的心理健康，可以促进幼儿身心各方面的学习和发展。幼儿非常喜欢玩沙和水，沙和水不仅给幼儿带来游戏的快乐，也能为幼儿提供有益的学习经验。玩沙玩水以及使用各种工具的游戏活动，可以促进幼儿手部小肌肉群的发展与协调，为今后学习书写打下基础。在户外进行游戏，可以使幼儿经常接触空气的温度、湿度、气流的刺激和阳光的照射，呼吸新鲜空气，增强对外界环境的适应能力，加强机体的新陈代谢，促进生长发育。

玩沙游戏可以为幼儿提供丰富的感官刺激。沙子有趣的物理特性使它成为一种多变化的令人着迷的操作材料。幼儿可以在玩沙游戏中练习使用铲子和舀、筛、推、挖、拍、灌等多种动作，学习用沙塑造模型。在使幼儿的精细动作既能得到练习的同时，玩沙游戏也可以促进幼儿对沙子基本物理特性的认知，为幼儿提供学习测量和进行创造表达的机会。所以，应当为幼儿提供多种多样的工具和器皿，鼓励他们的探索和表现活动。

玩水区可以使幼儿学习湿—干、沉—浮、热—冷、浸入—倒出、重—轻、

满—空、干净—脏等丰富的概念。同时玩水游戏也可以使幼儿喜欢水、不害怕水。气候寒冷的地区，冬天可以把玩水区变成玩雪区，进行雪雕、用雪建构、乘雪橇、滑雪等游戏。可以通过提供塑料铲子、提桶、勺子和别的开放性游戏材料来促进游戏活动的发展。通过玩雪活动，幼儿也可以接触到湿—干、热—冷、固体—液体等不同概念。

2. 自然物类玩具的投放功能与幼儿行为表现。

年龄班	投放功能	行为表现
2～3 岁	在与沙、水、空气等自然环境和物品的接触中，刺激幼儿感知觉的发育。满足幼儿喜欢玩沙、玩水的兴趣与愿望	幼儿对沙水游戏有强烈的好奇心和参与热情，但由于身体发展的原因，需要成人陪同指导游戏
3～4 岁	在自然物游戏中，促进幼儿感知觉的发展 激发幼儿参与户外游戏的愿望，感受玩沙、玩水的快乐	幼儿非常喜欢沙水游戏，愿意用老师提供的玩具独自游戏。由于规则意识初步建立，动作发展还不十分协调，因此游戏中会出现小的纠纷。经老师调解后，仍能愉快地继续游戏
4～5 岁	游戏中，丰富幼儿的身体感觉，促进触觉、运动觉的发展 满足幼儿参与户外游戏的愿望，培养幼儿感受与大自然融合的愉快情绪	幼儿的游戏能力明显增强，能够在游戏中进行有目的的活动，能够完成一定的游戏主题，情绪愉快，游戏兴趣持续时间较长
5～6 岁	促进幼儿多种感官的综合、协调发展，加强机体新陈代谢，促进生长发育 锻炼幼儿的精细动作，促进认知能力发展，培养主动探索、创造的能力	幼儿在游戏中表现出较强的计划性和分工合作能力，主动探索，反复尝试，对自己感兴趣的活动投入极大的热情，并有较好的游戏效果

3. 自然物类玩具的配备。

2～3 岁

主要材料			辅助材料	
品　种	作　用	玩具举例	品　种	作　用
沙盘 嬉水池	通过玩沙培养幼儿感知觉的发展，满足幼儿的兴趣与玩沙、水的需求	动物沙箱 异型沙池	小铲、小桶、小车、耙子、勺、碗、卡通模具等	丰富游戏内容，满足幼儿游戏需要

3～4 岁

主要材料			辅助材料	
品　种	作　用	玩具举例	品　种	作　用
沙池（盘） 嬉水池 卵石路 土坡	沙子和水富于变化，可以培养感知和观察能力 有利于促进幼儿皮肤触觉的发展	用手玩沙玩水 用脚踩沙踩水	小铲、小桶、小车、耙子、勺、碗、卡通模具等	丰富游戏内容，满足幼儿游戏需要

4～5 岁

主要材料			辅助材料	
品　种	作　用	玩具举例	品　种	作　用
沙坑 嬉水池 卵石路 土坡	培养幼儿的探究能力 有利于促进幼儿皮肤触觉的发展	动物沙箱 异型沙池 利用工具玩沙玩水	沙水器具、小铲、小桶、小车、耙子、勺、碗、卡通模具等 洗涤用品 颜料	丰富游戏内容，满足幼儿游戏需要

5～6 岁

主要材料			辅助材料	
品　种	作　用	玩具举例	品　种	作　用
沙坑 嬉水池 卵石路 土坡	培养幼儿的探究能力 有利于促进幼儿皮肤感知觉的发展	用铲土机铲沙、运沙，用石子打水漂	沙水器具、沙铲、勺、沙漏、耙子、小桶、沙水车、带斗小车、碗、卡通模具、软管、水车、漏斗等	丰富游戏内容，不断满足幼儿游戏需要

角色类玩具

一、自我类

1. 自我类角色玩具与幼儿身心发展特点。

2～3 岁，幼儿离开熟悉的家人，来到幼儿园开始步入集体生活。虽然幼儿有与小朋友共同游戏的愿望，但陌生的环境以及远离亲人的心理不安，会使他们产生难以排解的分离焦虑。所以，在幼儿园的托儿班和小班开设的自我类游戏区以宠物区和娃娃家为主，目的是让幼儿在类似家庭的环境中与布娃娃或喜爱的宠物玩具亲密爱抚，经历照顾他人和受到他人照顾的情感过程，感受到家庭般的温情并产生安全感和归属感。

随着幼儿心理独立性的逐渐增强，他们对父母的情感依赖逐渐降低。在活动中，4～5 岁的幼儿已不再满足自己玩，开始希望能与小伙伴共享游戏时光。但是，由于“自我中心”感强烈，而规则意识淡薄，较容易与他人发生冲突，产生消极的情绪。所以，在中班开设的自我类区域以让幼儿的情感需要得到发泄为主要目的，使幼儿在适宜的环境中逐渐学会控制自己的情绪和行为。

5～6 岁的幼儿，对自己有了一定的自我认识，对人和事也有了自己的看法，他们喜欢和自己的好朋友说悄悄话。所以，大班的自我类区域以幼儿诉说悄悄话的隐私角为主。

2. 自我类角色玩具的投放功能与幼儿行为表现。

年龄班	投放功能	行为表现
2～3岁	喜欢幼儿园的环境，感受温暖和安慰 喜欢和老师、小朋友一起玩，培养良好的情绪，缓解分离焦虑 养成收放玩具和物品的习惯	能从搂抱、抚弄宠爱物品的过程中感受到安慰（尤其是自带物品） 喜欢不断操作和摆弄宠爱物品 喜欢模仿他人的活动，易发生争抢现象 在摆弄宠物的过程中，经常伴以自言自语 希望教师对自己也能关注和搂抱
3～4岁	让幼儿宣泄情感，感受温暖和安慰，缓解分离焦虑 培养良好情绪及爱心 发展简单的口语表达能力 感受不同材料的质地特点，发展大肌肉动作的协调能力 愿意和朋友分享玩具 养成收放玩具物品的好习惯	能从搂抱、摆弄宠物的过程中感受到安慰 在操作、摆弄宠物的过程中语言逐渐增加，并出现模仿梳理头发、喂食等活动 希望和同伴一起活动，但没有持久性，易发生矛盾 喜欢和他人进行同样的活动
4～5岁	体验自己内在的心理活动和情绪情感 宣泄消极情感，使精神得到安慰 探索自行解决同伴间的矛盾冲突，学会用适当方式表达和交流各自的情绪感受 增强对情绪情感的自我调节能力，建立积极的伙伴关系	在共同活动过程中，由于个人需要得不到满足，经常会出现消极情绪，容易造成打闹等行为 在宣泄情感的过程中，经常伴以不断的自言自语 在宣泄情感过程中，不希望成人打扰，教师的干预经常会起到反作用
5～6岁	控制自己的情绪与行为，初步理解和关心他人的情绪情感 主动表达对他人的关心与安慰，能接纳、原谅他人 在共同的情感对话过程中，感受到彼此间的友谊和朋友的重要 发展语言表达能力	幼儿已有了相对固定的朋友，在活动时，他们喜欢和朋友一起玩 情绪情感从外露到内隐，好朋友间喜欢说悄悄话 聊天内容和范围逐渐扩大，持续时间延长，能感受到在一起的快乐 活动中不希望成人的打扰，成人的关注往往会打断幼儿间的活动

3. 自我类角色玩具的配备。

2～3 岁

主要材料			辅助材料	
品　种	作　用	玩具举例	品　种	作　用
地垫	创设温馨的游戏氛围	EVA 地毯、彩色地垫	软椅 靠垫	可以舒适地坐在上面或靠在里面 可以惬意地靠、也可以躺或趴在上面
娃娃 普通娃娃 智能娃娃	通过搂抱娃娃把自己被父母关爱的感受迁移到娃娃身上 在照顾娃娃的过程中陶冶爱心	柔软的布质娃娃 会“哭”、会“笑”或“会喝奶”的娃娃	奶瓶 玩具食物 小被子	模仿父母对自己那样给娃娃喂奶、喂饭，哄娃娃睡觉
毛绒动物玩具 实心玩具 空心玩具	通过柔软和造型可爱的毛绒动物引发对活动区的兴趣，产生搂抱、摆弄它们的愿望	造型可爱的熊、绵羊、小狗等 带尼龙粘贴拉锁、可往里填放物品的动物玩具	梳子 玩具骨头	模仿梳理、喂食等照顾小动物的动作，表达对宠物的关爱之情
自带的依恋物 玩具 物品	接纳幼儿依恋宠物的情感，让他们在这里感受到温暖与安慰	在家里喜欢的各式玩具 幼儿在家依恋的物品	玩具架	让宠物有“家”，从而逐渐摆脱对它们的过度依恋

3～4 岁

主要材料			辅助材料	
名　称	作　用	玩具举例	品　种	作　用
地垫	创设温馨的游戏氛围	EVA 地毯、彩色地垫	靠椅 靠垫	可以舒适地坐在上面或靠在里面 可以惬意地靠，也可以躺或趴在上面
娃娃 普通娃娃 智能娃娃	通过搂抱娃娃把自己被父母关爱的感受迁移到娃娃身上 在照顾娃娃的过程中培养幼儿的爱心	肤色不同、可体现性别的娃娃 会“哭”、会“笑”或“会喝奶”的娃娃	奶瓶 玩具食品 服装	照顾娃娃，给娃娃喂奶和食物 给娃娃换衣服，练习穿、脱、系扣

（续）

主要材料			辅助材料	
品　种	作　用	玩具举例	品　种	作　用
毛绒动物玩具 实心玩具 空心玩具	通过柔软和造型可爱的毛绒动物引发对活动区的兴趣，产生搂抱、摆弄它们的愿望	造型可爱的各种动物玩具 带拉锁或系扣的可往里填放物品的动物玩具	梳子、骨头	为长毛宠物梳理毛发、喂食，表达对宠物的关爱之情
自带的依恋物 玩具 物品	接纳幼儿依恋宠物的情感，让它们在这里感受到温暖与安慰 与同伴分享情感，能和大家一起玩	符合幼儿性别特征的玩具，如汽车、枪、奥特曼等 幼儿在家依恋的物品	玩具架	让宠物有“家”，从而逐渐摆脱对它们的过度依恋 培养收放玩具的习惯

4～5 岁

主要材料			辅助材料	
品　种	作　用	玩具举例	品　种	作　用
知心小屋	给幼儿一个不被别人打搅的环境 能和朋友说悄悄话，悄悄解决同伴间发生的争端	用麦秆、草席等自然物搭建的小房子 自制的小帐篷	地垫 自带一些小物品	坐在地上容易安静，边玩边聊
击打袋	宣泄消极情感	老虎、狼等造型的悬挂击打袋 固定摆放的击打物	拳击手套	保护手的安全
操作物	在拨珠、扔球、撞球的过程中消极情感得到释放	计算器 撞击有声的彩球	玩具筐 操作台	存放玩具 摆放玩具

5～6 岁

主要材料			辅助材料	
品　种	作　用	玩具举例	品　种	作　用
知心小屋	给幼儿一个不被别人打搅的环境 能和朋友说悄悄话，悄悄解决同伴间发生的争端	用屏风围拢形成的私密空间 用窗帘垂挂形成的私密空间	门帘 铃铛	遮挡作用 进入要摇铃，争得主人同意，以保护隐私

（续）

主要材料			辅助材料	
品　种	作　用	玩具举例	品　种	作　用
击打袋	能够宣泄消极情感	圆筒形悬挂袋 固定摆放的击打物	拳击手套	保护手的安全
操作物	在操作过程中使消极情感得到释放	计算器 撞击有声的彩球、玩具枪、飞镖、弓箭	玩具筐 操作台 靶子	存放、摆放玩具 安全的释放对象

二、家庭类

1. 家庭类角色玩具与幼儿身心发展特点。

娃娃家是幼儿喜欢参与的社会性游戏。在班级中创造的“家庭”氛围中，幼儿愿意扮演家庭中的角色，尤其是喜欢模仿爸爸妈妈，进行照顾娃娃、做饭等一系列自己所熟悉的家庭活动，体会装扮成人的感觉。年龄幼小的孩子生活在主客观世界不分的精神世界中，模仿成人十分投入，没有羞涩感。他们对家庭成员之间分工的意识也十分淡漠，会在同一个娃娃家中扮演同样的角色，忙于同样的事情。随着年龄的增长，幼儿分辨真假的能力逐渐增强，游戏时能意识到自己的扮演是假装的，但还是非常喜欢这种扮演活动，并尝试把自己日益增加的生活经验搬到游戏中来，在同伴间实现分享和交流。如果他们这种游戏状态得到了教师的理解和接纳，他们就会扮演得绘声绘色，角色之间的语言交往生动有趣，家庭成员之间体现出积极互动。

2. 家庭类角色玩具的投放功能与幼儿行为表现。

年龄班	投放功能	行为表现
2～3岁	缓解分离焦虑、宣泄情感、感受温暖和安慰 培养良好情绪及爱心 尝试简单的口语表达 在操作过程中增加对各种用具、材料的感知，发展动手操作能力 知道玩完的东西要放回去	能从搂抱、摆弄娃娃的过程中，感受到安慰 角色意识弱，喜欢不断操作、摆弄材料，如幼儿可以不停地开关冰箱门 喜欢模仿他人的活动，易发生争抢现象，所以，同样的材料可以准备几样。如可增加娃娃家的数量和娃娃的数量

（续）

年龄班	投放功能	行为表现
3～4岁	感受家庭中成员之间的简单关系 模仿家庭生活，进行简单的操作活动 培养对他人的关心。如过生日 知道用过的材料要放回原处，能够按标记排放物品 能够一一对应地排放物品，感受数的变化，建立数概念 感受与同伴在一起的快乐，愿意和小朋友一起游戏	喜欢扮演生活中熟悉的人物角色，喜欢重复做自己会做的事情。不关心扮演人物之间关系是否合理，幼儿之间缺乏交往 喜欢操作、摆弄各种玩具材料，有时自言自语，但交流较少 模仿性强，常常想进行他人的活动，容易发生材料的争抢 喜欢生活化的游戏环境和真实的操作材料
4～5岁	感受家庭成员之间的简单关系，体验与人交往的过程，初步体会他人的情感 建立积极的自我认识，学习关心、爱护他人 能根据已有经验丰富游戏内容，有计划地开展活动 发展语言交往能力，在交往中培养规则意识 认读10以内数字，发展数概念 感受与同伴在一起的快乐，愿意和小朋友一起游戏 根据标记进行简单的整理	会联想生活经验开展游戏，喜欢在游戏中有情节的变化。在缺少材料支持游戏发展时，能以物代物继续游戏 角色之间的语言和交往增多，能够进行简单的分工与合作 角色意识增强，能够有计划地分工 游戏的内容比较丰富，各区域间的交往增多 在游戏过程中能够制定简单的规则，能根据角色的要求控制自己的行为 操作过程中能够注意到活动的细节和过程
5～6岁	尊重、体会自己与他人的情感，懂得与人协商合作共同游戏 借助经验，大胆发挥自己的想象力开展游戏 根据经验，独立解决简单的问题 会表达自己的意愿，尊重别人的意愿，能接纳、原谅别人 能够在游戏中控制自己的情绪和行为	喜欢根据自己的经验发挥更多的想象力，不断制造变化的情节，角色之间的相互联系比较密切 能够根据游戏需要制作、选择材料，不断丰富游戏内容 有初步的责任心，能够以角色身份约束自己的行为 能够通过协商解决游戏中的分歧 活动的计划性增强，能够根据某一内容开展活动

3. 家庭类角色玩具的配备。

2～3 岁

主要材料			辅助材料	
名　称	作　用	玩具举例	品　种	作　用
家具 床 桌椅	创设“家”的游戏氛围 引发操作活动	可以摇的床 可容纳奶瓶、小碗等简单物品的圆桌和配套的椅子	床上用品（被褥、枕头、床单）	进行铺床、叠被子、哄娃娃睡觉等活动
娃娃 普通娃娃 智能娃娃	缓解分离焦虑 在照顾娃娃的过程中，培养幼儿的爱心	可穿、脱衣服的娃娃 会喝奶的娃娃、哭娃、笑娃、会叫妈妈的娃娃	奶瓶 奶嘴	照顾娃娃，为娃娃喂奶，使娃娃“不哭”
厨房用具	知道厨具的名称和用途 用材料进行简单操作	整体厨房玩具 带灶眼的灶台、锅、勺等	仿真食品玩具 自制的包子、饺子、点心等	模仿制作各式饭菜，发展手的动作技能
餐厅用具	练习使用小勺，发展手的小肌肉动作	盘、碗、饭勺	餐具摆放范例 家庭成员图卡	提示给家庭成员准备餐具，发展具体形象思维
家用电器 冰箱 电视	再造幼儿熟悉的家庭环境 提供可发展的游戏空间	美观的家电玩具	可往冰箱里储藏的“饮料”、“水果” 图画书	提示模仿家庭生活 进行材料的操作

3～4 岁

主要材料			辅助材料	
名　称	作　用	玩具举例	品　种	作　用
家具 床 桌椅 衣柜 梳妆台	创设模拟的家庭环境，引发扮演家庭的游戏	可以坐在上面的较大的床 可以容纳较多物品的桌子 开放式大衣柜 带镜子的小桌	床上用品（被褥、枕头、床单） 插花 衣架 化妆品空瓶	训练动作技能 练习物品的简单整理
装饰物	创设生活化的游戏环境，烘托“家”的氛围	可使用的门帘 装饰性窗户 花瓶、工艺品 各种挂饰，“全家福”照片	供幼儿参与制作的半成品（例如贴窗花、制作图画书）	在小班后期，可以引导幼儿在娃娃家制作一些简单的装饰物

（续）

主要材料			辅助材料	
名 称	作 用	玩具举例	品 种	作 用
娃娃 普通娃娃 智能娃娃	缓解分离焦虑 在照顾娃娃的过程中培养爱心	可换衣服的娃娃 会眨眼的柔软娃娃	带按扣或粘扣的连体服装 袜子、鞋、帽 哗玲棒等玩具	进行照顾娃娃的游戏活动
厨房用具 灶具 锅 用具	了解厨具的名称和用途 能利用材料进行简单的操作，训练动作技能	整体厨房玩具 带灶眼的灶台 煮锅、炒菜锅 勺、铲、菜板、菜刀	包子、饺子、糖果等食品玩具 块、条、球等食品替代物 可用手撕的菜叶 凉拌菜原材料	模仿做饭的动作 启发想象力 制作可食用的饭菜
餐厅用具 餐具 茶具	训练动作技能，练习使用小勺 促进幼儿的交往与语言的发展	碗、饭勺、碟子、菜盘 茶壶、茶杯、茶碟	储物架上有配套摆放餐具、茶具的标记	培养一一对应的认识 培养文明用餐习惯
电器 电视 冰箱 洗衣机 微波炉	知道电器的名称与基本用途 在游戏中得到使用	美观的玩具电器 可放映图片的自制电视	滚动式图片 冷饮、糕点模具 水果、饮料 空洗衣粉桶	训练动作技能 在有目的的操作中发展数概念
常用物品 盥洗 打扫	丰富游戏内容 学习收拾、整理材料，不乱扔废弃物	澡盆、脸盆 笤帚、簸箕、墩布、抹布	毛巾、香皂	给娃娃洗澡 打扫卫生

4～5岁

主要材料			辅助材料	
品 种	作 用	玩具举例	品 种	作 用
家具 床 桌椅 衣柜 梳妆台	创设模拟的家庭环境，引发扮演家庭的游戏	可以扮演妈妈躺在上面的床 较大的操作台 餐桌椅、沙发椅	被褥、枕头、床单、被罩、枕套等床上用品 台布、插花 化妆品 屏风、隔离物	学习整理物品 发展动作技能 自主创设娃娃家环境

（续）

主要材料			辅助材料	
品种	作用	玩具举例	品种	作用
装饰	创设生活化的游戏环境，烘托“家”的氛围	可使用的门帘 装饰性窗户 花瓶、工艺品 各种挂饰，“全家福”照片	供幼儿参与环境布置的材料（例如铺地的材料、分割房间的隔离物）	把更多的家庭经验迁移到游戏中
娃娃	根据天气变化为娃娃选择服装 在照顾娃娃的过程中，培养幼儿的爱心	芭比娃娃	可拉链、系扣、按扣或系带的服装 梳子、头花、发卡、玩具化妆品	为娃娃更衣 为娃娃梳理、打扮
厨房用具 灶具 锅 用具	根据厨具的用途，利用材料进行操作，训练动作技能 了解制作饭菜的简单方法	煤气灶、烤箱 炒菜锅、平底锅 洗菜盆、切菜板、菜刀 炒菜铲、汤勺	“调料”瓶 水池和水龙头 时令蔬菜	模仿做饭 动手择菜、切菜 模仿洗菜
餐厅用具 餐具 茶具	练习使用筷子、培养动作技能 促进幼儿的交往	碗、盘、勺、筷子 茶壶、茶杯、一次性水杯 搅拌棍、吸管	玩具食品、空的茶叶桶、饮料桶 可食用的食品、水果、糖果 可饮用的果珍、牛奶、豆浆、绿豆汤等饮料 饮水机、温开水壶	模仿成人的生活 练习搅拌，观察溶解 培养生活能力
电器 电视机 冰箱 电话机 空调 洗衣机	结合生活经验扩展活动内容 根据电器的作用进行基本操作	可视电视 可视 VCD 机和 VCD 盘 可听录音机和录音带 旧电话机、手机	冷饮、糕点、水果、饮料等 电话簿 遥控板 洗涤剂瓶、洗衣粉桶	丰富游戏内容 交流生活经验 培养生活能力
常用物品 盥洗 打扫 生活	丰富游戏情节 养成卫生习惯	澡盆、水池 垃圾桶、笤帚、簸箕、墩布、抹布 钟表	浴巾、浴液 擦布、洗涤剂 笤帚、簸箕、墩布	模仿更多的真实生活

5～6 岁

主要材料			辅助材料	
品　种	作　用	玩具举例	品　种	作　用
家具 床 桌椅 衣柜 梳妆台 书桌	创设生活化的游戏环境，烘托“家”的氛围	带纱帘的娃娃床 娃娃推车	被褥、被罩、枕套等床上用品 台布、花瓶、台灯、图书等日常用品 衣架、镜子、化妆品等用具	丰富游戏情节，训练动作技能 学习整理物品
厨房用具 灶具 炊具 用具	能进行简单的削皮、切、拌、磨豆浆等活动 在保证卫生、安全条件下，制作简单的凉拌菜	煤气灶、烤箱、微波炉 炒菜锅、蒸锅、煮锅 洗菜盆、切菜板、菜刀、炒菜铲、汤勺 石磨、搅拌器	各式模具 配套调料盒 面团、干果、蔬菜、水果 面泥、颜料管	制作不可食用的玩具食品 制作可食用的面点、凉拌菜
餐厅用具 餐具 茶具	熟练地使用筷子、训练动作技能 促进幼儿的交往	碗、盘、勺、筷子、刀、叉 茶壶、茶杯，咖啡壶	可食用的食品 茶叶桶，果珍、奶粉 饮水机、温开水壶 牛奶、豆浆、茶水、绿豆汤等饮料	模仿家庭生活 进行搅拌活动 自我享用和招待客人
电器 电视机 冰箱 电话机 空调 洗衣机	结合生活经验扩展活动内容 了解常见的家用电器的用途 了解简单的护眼方法	可视电视 可传声的电话机	遥控板 旧电话机、旧手机	体验工具的间接作用
常用物品 盥洗 卫生 生活 学习	丰富游戏内容 促进分工合作 培养热爱劳动的习惯 培养对文化学习的兴趣	澡盆、水池 垃圾桶、笤帚、簸箕、墩布、抹布 钟表、温度计、日历、修理工具 钢琴等乐器玩具、书包	浴巾、浴液、擦布、洗涤剂、笤帚、簸箕、墩布 乐谱、书本、铅笔、尺子、橡皮等学习用具	发展动作 认识时间 培养学习兴趣

三、社会类

1. 社会类角色玩具与幼儿身心发展特点。

在社会的现代化发展进程中，越来越多的服务性行业出现在今天儿童的生活环境里，甚至成了他们生活中不可分割的一部分。对这些行业的大量接触，使幼儿对于扮演这些角色产生了浓厚的兴趣，渴望通过玩社会类角色游戏满足自己对成人世界的好奇与幻想。而幼儿园的群体生活，又为幼儿的这种扮演需求提供了人力、物力和环境的可能性。

年龄小的孩子，喜欢模仿他们所扮演人物的各种动作，反复地操作具体材料，而不考虑是否合乎情理。比如“饭菜”做了一遍又一遍，反反复复地带“孩子”看病、打针等。因此，创设游戏环境，提供大量可操作的材料，对于调动小班幼儿的游戏兴趣就比较重要；年龄大一点的幼儿扮演角色时能考虑到较多的方面，不仅动作内容更丰富，角色之间逐渐有了分工，部门之间也出现了联系和交往。因此，中、大班社会性角色区的设置就要考虑相互间的联系以及与娃娃家的联系，提供的玩具和材料不仅可以操作还要便于角色之间的交往。

通过玩社会性角色游戏，幼儿可以体验所扮演角色的工作、语言、情感、态度，表达和交流对所熟悉行业的职业认知。在积极扮演角色的过程中，幼儿调动起已有经验，培养了语言表达和交往能力，增进了规则意识和责任意识，在不断发现问题和学习解决问题的过程中得到了满足与快乐。

2. 社会类角色玩具的投放功能与幼儿行为表现。

年龄班	投放功能	行为表现
3～4 岁	初步体验明显的职业特征，进行简单的操作活动 体验社会中人与人之间的简单关系 根据角色要求，进行简单的交往 根据标记进行简单的整理 学习收拾整理玩具材料，不乱扔废弃物	喜欢扮演生活中熟悉的角色，喜欢摆弄材料、进行简单的操作 角色意识较弱，坚持性差，易被其他活动吸引 爱模仿，喜欢进行他人进行的活动，易发生争抢玩具的情况 活动内容较单一
4～5 岁	体验与人交往的感受，学习与同伴交往，学习分享、谦让与合作 尝试解决与人交往中出现的问题，初步体会他人的情感 用正当的方式表达自己的感情和需要 知道根据角色要求，约束自己的行为 学会收拾整理玩具材料，不乱扔废弃物 学习做选择、计划和决定，并能执行和表达	会联想自己的生活经验开展游戏，在缺少材料支持游戏发展时，能以物代物继续游戏 幼儿之间能根据角色进行分工，角色之间的语言交流增多，区域间的交往增多，但缺乏交往经验和技能，经常发生告状等现象 知道材料的主要用途，能基本正确地使用和操作 能制定简单的游戏规则，能初步调控、评价自己的行为 活动内容比较丰富，能根据自己的需要进行游戏材料的添加及制作
5～6 岁	关注人们的社会生活，积累有关角色的经验，理解人们之间的关系 根据角色特点，大胆发挥想象力，表达自己对社会经验的理解 选择与制作材料、工具，不断地丰富游戏 培养幼儿收放玩具的能力 能够将学到的知识运用到游戏中（加减的运用、营养饭菜的介绍） 培养幼儿初步的责任感，做事认真、有始有终	喜欢根据自己的经验，并发挥更多的想象力，不断制造变化的情节，幼儿之间的相互联系比较密切 有初步的责任心，能够以角色身份约束自己的行为 能够根据需要制作一些玩具或选择一些材料来不断地丰富游戏 能够通过协商解决游戏中的分歧和发现的问题

3. 社会类角色玩具的配备。

商 店

3～4岁

主要材料			辅助材料	
品　种	作　用	玩具举例	品　种	作　用
家具	为游戏提供必要的物质设施	超市货架 收银台	商品背景图	强调区域功能
装饰	创设生活化的游戏氛围，烘托“商店”喜庆的气氛	店名牌匾 拉花 宣传海报	图案标识牌	表明类别与引导分类摆放
货物 玩具店 糖果店 超市	提供商品，促进商品交易 学习按类摆放货物	玩具 食品 饮料	图形标记 点计价签	固定商品位置 练习数量对应
工作服	调动游戏兴趣，增强角色意识	帽子 围裙	胸牌	限定人数
用具	练习点数、促进数概念的形成 练习称物，了解重量的概念	收银机 天平	纸和笔 用点标明金额的纸币 包装袋	自制钱币 练习点数 包装货物

4～5岁

主要材料			辅助材料	
品　种	作　用	玩具举例	品　种	作　用
家具	为游戏提供必要的物质设施	超市货架 商店柜台 收银台	手推车 购物小筐	标志物品地点 模仿购物
装饰	创设生活化的游戏氛围，烘托“商店”喜庆的气氛	店名牌匾 外墙装饰 宣传海报	标识牌 收集或自己制作的商店画册	标明商品位置 装饰参考
货物 超市 农贸市场 服装店	提供销售商品，促进商品交易 学习按类摆放货物	糖果、面点、饮料 玩具、文具 蔬菜、水果 服装、鞋帽	标记 价签	分类摆放 点、数对应

（续）

主要材料			辅助材料	
品　种	作　用	玩具举例	品　种	作　用
工作服	调动游戏兴趣，增加角色意识	领带 导购绸带	胸牌 胸花	限定人数
用具	认读数字、练习点数，促进数概念的形成	收银机 天平 电话机	纸、笔、票据 银钱卡、纸币 包装袋	模仿售货，进行促销
食品加工	训练动作技能，进行商品的促销 表现自己对食品的感受	面团 彩泥 橡皮泥	操作台 模具、工具、盘子 彩色碎纸、包装纸	进行团、揉、捏、压、印、包等多种活动

5～6岁

主要材料			辅助材料	
品　种	作　用	玩具举例	品　种	作　用
家具	为游戏提供必要的物质设施	商品柜台 超市货架	手推车 购物小筐	方便购物
装饰	创设生活化的游戏氛围，烘托“商店”气氛	店名牌匾 外墙装饰 宣传海报	悬挂的标识牌	标明商品位置
用具	练习数的加减、促进数概念的形成	收银机 电话 监控器	纸、笔、票据 优惠卡、纸币	模仿售货，进行促销
工作服	调动游戏兴趣，增加角色意识	经理服装 售货员服装 收银员服装	胸牌	区分角色和限定人数
货物	提供销售商品，促进商品交易 探索分类摆放货物	文具 玩具 食品 适合季节的服装	价签 包装袋	分类摆放 练习加减法
食品加工	训练动作技能，进行商品的促销 运用各种图案进行装饰与制作	面团 面泥、黄泥 橡皮泥 食品、饮料的包装袋、盒、瓶等	橡皮泥、操作台、盘子、包装纸、模具 价签	进行团、揉、捏、压、印、包等多种活动 练习加减法

餐 厅

3～4 岁

主要材料			辅助材料	
品　种	作　用	玩具举例	品　种	作　用
家具	为游戏提供必要的物质设施	操作台 储物柜 餐桌椅		
装饰	创设餐厅氛围，美化环境	店名牌匾 品牌店的特征 菜点照片	悬挂的食品模型	烘托气氛
工作服	激发游戏兴趣，培养角色意识	厨师大褂、帽子、服务员的围裙等		
厨房用具 灶具 炊具 用具	知道厨具的名称和用途 利用材料进行简单操作	整体厨房玩具 带灶眼的灶台 煮锅、炒菜锅 勺、铲、菜板、菜刀	包子、饺子等食品玩具 块、条、球等食品替代物 可撕的菜叶 凉拌菜原材料	模仿做饭的动作 启发想象力 制作可食用的饭菜
餐厅用具 餐具 茶具	练习使用小勺，训练动作技能 促进幼儿的交往与语言的发展	碗盘、饭勺、筷子 茶壶、茶杯	菜谱 台号 瓶装、桶装"饮料"	提高游戏的目的性、有序性
常用物品	结合生活经验扩展活动内容 根据电器作用进行基本的操作 促进数概念的发展	冰箱、微波炉 电话机 收银机	食品 饮料 电话簿 "钱币"	分类摆放 认识数字
卫生用具	学习收拾、整理玩具材料 培养不乱扔废弃物的习惯	笤帚、簸箕、墩布、抹布		

4～5 岁

主要材料			辅助材料	
品　种	作　用	玩具举例	品　种	作　用
家具	为游戏提供必要的物质设施	操作台 储物柜 餐桌椅		

（续）

主要材料			辅助材料	
品　种	作　用	玩具举例	品　种	作　用
装饰	创设餐厅氛围，美化环境	店名牌匾 品牌店的特征 菜点照片	灯笼 玩具辣椒串 玩具包谷串	烘托气氛
工作服	激发游戏兴趣，培养角色意识	厨师大褂、帽子、服务员的围裙等		
厨房用具 灶具 炊具 用具	了解厨具的用途 利用材料进行较复杂的操作	整体厨房玩具 带灶眼的灶台 煮锅、炒菜锅 勺、铲、菜板、菜刀	包子、饺子等食品玩具 块、条、球粒等食品替代物 可切的蔬菜 凉拌菜、面点原材料	模仿做饭的动作 启发想象力 制作可食用的饭菜
餐厅用具 餐具 茶具	练习使用小勺，训练动作技能 促进幼儿的交往与语言的发展	碗盘、饭勺、筷子 茶壶、茶杯	菜谱 台号 瓶装、桶装“饮料”	模仿进餐，学习使用筷子，促进交往
常用物品	结合生活经验扩展活动内容 根据电器作用进行基本的操作 促进数概念和简单计算能力的发展	冰箱、微波炉 电话机 收银机	食品 饮料 电话簿 “钱币”	分类摆放 了解报警电话号码 练习收钱和找钱
卫生用具	学习收拾、整理玩具材料 培养不乱扔废弃物的习惯	笤帚、簸箕、垃圾箱 墩布、抹布	垃圾分类标记	练习分类

5～6 岁

主要材料			辅助材料	
品　种	作　用	玩具举例	品　种	作　用
家具	为游戏提供必要的物质设施	操作台 储物柜 餐桌椅		

（续）

主要材料			辅助材料	
品　种	作　用	玩具举例	品　种	作　用
装饰	创设餐厅氛围，美化环境	可布置在店外的半成品 可布置在店内的半成品	纸箱、纸盒、画报 麻布、草席 笔、颜料 胶带、胶水 参考图例	动手布置环境
工作服	创设生活化的游戏环境与材料，便于幼儿再现生活经验	厨师大褂、帽子、服务员的围裙等		
厨房用具 灶具 炊具 用具	了解厨具的用途 利用材料进行较复杂的操作	带灶眼的灶台 煮锅、炒菜锅 勺、铲、菜板、菜刀、打蛋器 做蛋糕、点心的模具	面团、面泥 快餐食品的包装盒 可以切的蔬菜、水果 生日蜡烛或替代品	模仿做饭的动作 启发想象力 制作可食用的饭菜
餐厅用具 餐具 茶具	练习使用小勺，训练动作技能 促进幼儿的交往与语言的发展	碗盘、饭勺、筷子 茶壶、茶杯	菜谱 台号 瓶装、筒装“饮料”	模仿进餐，学习使用筷子，促进交往
常用物品	结合生活经验扩展活动内容 根据电器作用进行基本的操作 促进数概念和简单计算能力的发展	冰箱、微波炉 电话机 收银机	食品 饮料 电话簿 “钱币”	分类摆放 了解报警电话号码 练习收钱和找钱
卫生用具	学习收拾、整理玩具材料 培养不乱扔废弃物的习惯	笤帚、簸箕、垃圾箱 墩布、抹布 吸尘器	垃圾分类标记	练习分类

银 行

3～4 岁

主要材料			辅助材料	
品 种	作 用	玩具举例	品 种	作 用
取款机	为开展角色游戏服务 学习点数，促进数概念的形成	自动取款机（可用盒子自制），上面有数字	用点标志数量的钱币	学习点数 能按数存取钱

4～5 岁

主要材料			辅助材料	
品 种	作 用	玩具举例	品 种	作 用
取款机	为开展角色游戏服务 认读数字，促进数概念的发展	自动取款机（可用盒子自制，上面有数字与更正、确认键）	纸币 存折	对应点数 能按数存取钱

5～6 岁

主要材料			辅助材料	
品 种	作 用	玩具举例	品 种	作 用
家具	创设银行环境	柜台、座椅 钱箱	取号 存折 纸、笔	了解基本常识 练习认数、写数
取款机	认识人民币 能按数取钱，促进数概念的发展	自动取款机（上面有数字与更正、确认键） 电脑 验钞机	纸币 票据 储蓄卡	认识人民币 模仿存取流程 练习加、减法，促进数概念的发展
工作服	突出角色特征 培养纪律意识	出纳服 保安服	胸牌 警棍	增强角色意识

医　院

3～4 岁

主要材料			辅助材料	
品　种	作　用	玩具举例	品　种	作　用
家具	为游戏提供必要的物质设施 开展简单的看病活动	桌椅 床 药品柜	挂号牌、收银机 床单 各种药品	引导开展游戏
装饰	创设游戏环境，烘托医院氛围	医院名称 红十字标识	宣传图片	提醒上医院看病
医疗用具	了解简单的医疗器械 进行打针、喂药等活动 知道有病应上医院看病	听诊器 注射器 消毒棉签	放物品的盘子 自制棉签和药品的材料	
工作服	创设生活化的游戏环境，增强角色意识	白大褂 医生、护士帽 手套		

4～5 岁

主要材料			辅助材料	
品　种	作　用	玩具举例	品　种	作　用
家具	为游戏提供必要的物质设施 开展更多的治病活动 提供使用钱币的机会	门诊桌椅 挂号台 手术台 药品柜 收银台 电脑	标示牌 纸、笔 手术器械 各种药品 收银机 纸币	了解看病程序及常用药 学习整理物品 练习收费交费
装饰	创设生活化的游戏环境，烘托医院氛围	医院标志 红十字标识	宣传图片 宣传手册	提醒上医院看病
医疗用具	了解各种用具的作用，模仿看病的活动 训练动作技能，促进小肌肉发展	听诊器、血压表、注射器、压舌板、手电筒、吊瓶、镊子、手术刀、剪子、手术针、纱布、绷带	电池 棉签 支架 线 胶布	了解更多的医疗细节 发展手指的精细动作

（续）

主要材料			辅助材料	
品　种	作　用	玩具举例	品　种	作　用
工作服	增加角色意识 培养游戏规则和卫生习惯	医护服装 医生、护士帽 手套、口罩		
卫生用具	培养劳动习惯	医用垃圾桶、笤帚、簸箕		

5～6 岁

主要材料			辅助材料	
品　种	作　用	玩具举例	品　种	作　用
家具	为游戏提供必要的物质设施 开展较为复杂的看病活动 提供运算的机会	门诊桌椅 挂号台 手术台 药品柜 收银台 电脑	标示牌 纸、笔 手术器械 各种药品 收银机、纸币	了解看病程序及常用药 学习整理物品 收费、交费
装饰	创设游戏环境，烘托医院氛围	医院标志 红十字	宣传图片	知道简单的防病、治病方法
医疗用具	能操作各种用具，知道其作用 训练动作技能，促进小肌肉发展 学习简单的包扎、急救知识	听诊器、血压表、注射器、压舌板、手电筒、吊瓶、镊子、手术刀、剪子、手术针、纱布、绷带	电池、棉签、支架、线、胶布	丰富游戏内容，学习简单的包扎、急救知识
服装	增加角色意识，进行有目的地扮演	医护服装 医生、护士帽 手套、口罩 病人的服装	标记	能区分医生和病人
卫生用品	培养良好的卫生习惯	医用垃圾桶、笤帚、簸箕	讲卫生的宣传画或宣传手册	了解简单的防病知识

美容美发厅

4～5岁

主要材料			辅助材料	
品　种	作　用	玩具举例	品　种	作　用
家具	为游戏提供必要的物质设施 满足爱美之心，培养审美能力	梳妆台 座椅 资料架 收银机	大镜子 排队的座椅 画报、发型书 纸币	引导游戏内容 促进交往活动
装饰	创设游戏环境，烘托美发的游戏氛围	美发厅名称标识 旋转标志		
美发用具	了解各种用具作用，模仿各种活动，训练动作技能，促进小肌肉发展	梳子、剪刀、推子；发卷、发卡 吹风机、加热罩；定型水	皮筋 头花 丝带	表现对美的感受 发展创造力
服装	增强幼儿的角色意识	围裙 披巾		
洗发用具	模仿美发活动，促进小肌肉发展	冲洗台、水池、热水器、淋浴器	洗发、护法用品	便于再现生活经验

5～6岁

主要材料			辅助材料	
品　种	作　用	玩具举例	品　种	作　用
家具	为游戏提供必要的物质设施 满足爱美之心，培养审美能力	梳妆、化妆台 座椅 资料架 收银机	大镜子 排队的座椅 画报、发型书 纸币	引导游戏内容 促进交往活动
装饰	创设游戏环境，烘托“美发厅”的游戏氛围	美发厅名称 旋转标志	自制发型图片	参与布置环境
美发用具	能操作各种用具，知道其作用，模仿各种活动，训练动作技能，促进小肌肉发展	梳子、剪刀、推子 吹风机 加热罩	皮筋、头花、卡子、发卷 毛巾、洗护发用品	模仿洗头、理发等活动

（续）

主要材料			辅助材料	
品　种	作　用	玩具举例	品　种	作　用
服装	增强角色意识，进行有目的地扮演	工作服、帽子 顾客的围裙 美容师的口罩		
美容用具	再现与交流生活经验 满足对美的追求和感受	口红、眉笔、护肤品 纸面膜、黄瓜片	操作图例	引导按顺序操作
洗发用具	模仿美发活动 促进小肌肉发展	冲洗台、水池 热水器、淋浴器	按摩膏	模仿按摩动作

学　校（图书馆）

5～6 岁

主要材料			辅助材料	
品　种	作　用	玩具举例	品　种	作　用
家具	了解小学校和图书馆，萌发上学的愿望和对文化活动的好奇	讲台、黑板 课桌、课椅 书架	板擦、粉笔 图书、分类标记	模仿教学行为和阅览活动 引发分类摆放图书的活动
钟表	引导认识钟表，会看整点、半点 培养珍惜时间的意识 进行简单的自我管理	闹钟（一段时间后要响铃，使幼儿感受上课、下课）	生活作息表	了解基本生活规律
学具	了解学校的学习活动与要求 为入学做准备（物质、知识、精神）	教棒 语言学具（拼音卡、识字卡） 数学学具（加减算式卡） 图书、图片 录音机、磁带	旧天线等材料 纸、本、笔 贴绒用具 磁卡	
奖品	强化正面行为 增强遵守学习规则的意识	印章、小花等		

建构类玩具

一、搭建类

1. 搭建类玩具与幼儿身心发展特点。

幼儿园的搭建类玩具对于促进幼儿空间知觉和方位知觉的发展担负着重要作用。但如果没有适宜的玩具和教师的精心培养做支持，幼儿对搭建类玩具的兴趣和喜爱程度就会随着年龄的增长而出现日益明显的个体差异。例如对2～3岁的幼儿来说，搭建类玩具可以任意摆弄，堆起来再推倒，还可以围拢、造型，并与其他玩具混合一起玩，因此对幼儿来说具有普遍的吸引力。然而，随着幼儿年龄的增长，游戏变得日益复杂起来，积木被用来垒墙、盖顶、悬空、衔接……表现建筑物复杂的特征，其中还渗透着比例、对称、均衡、独特等艺术表达方式的运用，这就对部分幼儿形成了较大的挑战，降低他们对自己的信心。因此，对某些幼儿来说，要保护他们对搭建游戏的兴趣，就要提供适合他们操作水平和理解能力的玩具，例如长的板材，块大的积木和与搭建内容相关的辅助材料。

搭建游戏也有它自身的开展特点。在搭建初期，幼儿并不把积木用来搭建，而是当成敲打的玩具，当做枪来玩。他们的搭建行为是若隐若现的，有时候一起搭，有时候自己搭。搭建活动让幼儿很开心，他们经常在搭建时出现自言自语、大声喊叫、相互嬉笑的行为。慢慢地，在辅助材料的引发下，游戏出现了堆高、围拢的行为。这时候，幼儿的搭建行为大多伴随着一定的角色，可能边和动物说话边给动物搭楼房，边开汽车边搭建车场或者公路。

随着社会经验的丰富和建构技能的增强，幼儿开始追求建构物本身的形象。他们通常先有一个搭建目标，这个目标可能来自幼儿的生活见识，也有可能受到建筑图例的启发。这时候他们尝试合作建构某个复杂的主题，游戏持续的时间也变得长了，有时候很多天持续一个主题。在搭建过程中幼儿会遇到平衡、重心、围拢等空间和结构的问题，会遇到同伴之间相互协调的需要，还会用玩偶、汽车、动物、家具等玩具玩象征性游戏。

2～3岁的幼儿喜欢重复堆高、围合、延长的动作，爱把玩具混在一起摆放，在标志的提示下能按颜色分类收放。3～4岁的幼儿喜欢插接重复的作品，经常会被游戏辅材吸引，玩一些与建构无关的游戏；当自己的作品被同伴破坏，或无意中碰倒别人的玩具时，会影响游戏的情绪。任务意识较为薄弱，需要教师运用情境启发才能初步进行有目的的搭建，但常常会中途被其他的刺激吸引而改变游戏行为。4～5 岁的幼儿喜欢按照自己的生活经验搭建楼房、动物园，喜欢选择等高、等宽、形状颜色相同的积木进行对称搭建；有了初步的分工、合作意识，并能在教师引导下根据游戏主题的需要进行区域之间的联合游戏。5～6 岁的幼儿对建构游戏十分感兴趣，男孩尤为突出。主题建构活动可以持续较长一段时间，直到出现下一个兴趣点。分工合作意识和能力逐步增强，常常为解决一个问题发生争执，但很快会服从于某一个更有说服力的意见；开始喜欢异型积木，更加关注建构物内部的细小结构，开始考虑建筑物之间的联系。喜欢悬空搭建，能够运用力学原理减少建筑物的支撑点，喜欢有挑战性的搭建活动。

2. 搭建类玩具的投放功能与幼儿行为表现。

年龄班	投放功能	行为表现
2～3 岁	满足幼儿探究物品的需要，在操作摆弄玩具的过程中获得感官的满足 可以进行把物品延长、堆高、围拢的搭建游戏 在搭建过程中增强手指的力度和大小肌肉动作的协调性	喜欢重复堆高、围合、延长的动作 爱把玩具混在一起摆放，在标志的提示下能按颜色分类收放 经常以物代物，喜欢把积木当马骑、或当作其他物体
3～4 岁	在游戏情境引导下初步学习简单的堆高、围拢、延长、盖顶等基本技能 增强手指力度和大小肌肉动作的协调性 在搭建游戏中，初步感知数概念：数、形、比较、对称等性质；提高空间知觉能力 提供有目的选择所需材料的条件；引导按需要选择材料进行简单搭建 能独立开展游戏，也能形成初步的合作 提供同伴间表达愿望与需要的机会	喜欢重复堆高、围合、延长的动作，喜欢插接重复的作品 当自己的作品被同伴破坏，或无意中碰倒别人的玩具时，会影响游戏情绪 经常会被游戏辅助材料吸引，玩一些与建构无关的游戏 需要教师运用情境启发才能初步确立任务意识，但游戏中途常被其他刺激吸引而忘记游戏的初衷，改变游戏行为

（续）

年龄班	投放功能	行为表现
4～5岁	提供较持久搭建的物质条件 引导对事物有序的观察，在游戏活动中能够有所创新 增强手指力度和大小肌肉动作的协调性 能综合运用堆高、围拢、延长、增宽、盖顶等基本技能；提高空间知觉能力 进一步感知基本的数概念：数、形、比较、对称、平衡等性质，提高数学能力 为有目的、有计划选择所需材料进行创造性搭建提供条件 能够与同伴进行有意识的交流，掌握一定的交往、合作技巧	喜欢搭建活动，并形成了较持久的兴趣 喜欢按照自己的生活经验搭建楼房、动物园等主题建筑 喜欢选择等高、等宽，形状、颜色相同的积木进行对称搭建 能在情境启发下产生有目的搭建，并在主题需要下创造性地开展游戏 有初步的分工、合作意识。能在教师引导下根据主题的需要进行区域之间的联合游戏
5～6岁	提供延续主题搭建兴趣的物质支持 引导对事物的细致观察，为充分发挥想象与创造提供条件 能够运用堆高、围拢、延长、增宽、盖顶等基本技能综合性地搭建 在游戏过程中巩固数、形、比较、对称等概念，并尝试有关力学的设想 制作搭建过程中所需的特殊材料 培养多方面的交往技巧 在游戏过程中大胆地表达个人意见和想法，得到心理上充分的满足	对建构游戏十分感兴趣，男孩尤为突出；主题建构活动可以持续较长一段时间，直到出现下一个兴趣点 分工合作的意识与能力逐步增强，但常为解决某个问题发生争执，最终会服从更有说服力的意见 能自发地根据主题需要进行区域之间的联合游戏 喜欢异型积木，更加关注建构物内部的细小结构，开始考虑建筑物之间的联系；喜欢悬空搭建，能够运用力学原理减少建筑物的支撑点，喜欢有挑战性的搭建活动

3. 搭建类玩具的配备。

2～3岁

主要材料			辅助材料	
品　种	作　用	玩具举例	品　种	作　用
EVA软体积木（标准型号）	材料质地软，安全性能强，重量轻，触觉舒适 体积相对较大，颜色鲜艳，在游戏中容易形成成就感，适于年龄小的幼儿选择	彩色EVA套装软积木 本色套装软积木	玩具材料柜或箱及分类标记 地毯或EVA地板块	在教师帮助下学会自己取放玩具 减少积木碰撞和落地时的噪音

（续）

主要材料			辅助材料	
品　种	作　用	玩具举例	品　种	作　用
纸积木（标准长方形）	结实，可坐可踩 扩展游戏内容，丰富游戏情节（一般幼儿多用于围拢使用。例如：给小动物盖房子）	城砖纸积木	玩具材料柜或箱及分类标记 地毯或 EVA 地板块 模型玩具（如动物、人物、植物、车辆等）	在教师帮助下学会自己取放玩具 减少积木碰撞和落地时的噪音 激发对搭建活动的兴趣

3～4 岁

主要材料			辅助材料	
品　种	作　用	玩具举例	品　种	作　用
EVA 软体积木（标准型号）	材料质地软，安全性能强，重量轻，颜色鲜艳，触觉舒适，体积相对较大，幼儿在游戏中容易形成成就感 适于小班初期投放，随着幼儿游戏水平的提高，大块的 EVA 软体积木满足不了游戏需要时，可替换彩色空心积木和中型实木积木	色彩正的彩色软体积木	玩具材料柜或箱及分类标记 地毯或 EVA 地板块 建筑欣赏作品 塔建图例	学会按标记自己取放玩具 减少积木碰撞和落地时的噪音 培养建筑审美能力 培养自主搭建能力
纸积木（标准长方形）	体积大、重量轻，易于显现游戏成果 形状相同，适于围拢搭建，可以使幼儿形成秩序感 能扩展游戏内容，丰富游戏情节（幼儿多用于围拢使用；纸积木当主材投放一般在小班初期，随着幼儿建构能力的增长多作为辅材使用）	城砖纸积木	玩具材料柜或箱及分类标记 地毯或 EVA 地板块 模型玩具（如动物、人物、植物、车辆等）	学会按标记自己取放玩具 减少积木碰撞和落地时的噪音 激发对搭建活动的兴趣，产生有目的的搭建

（续）

主要材料			辅助材料	
品　种	作　用	玩具举例	品　种	作　用
桌面积木（标准套装）	材料占用空间小，便于布局形成作品，使幼儿比较自信和产生成就感 幼儿可以独立游戏并便于教师个别指导 收放玩具需要思考和耐心	桌面套装积木如《动物园》、《大城堡》	玩具材料柜或分类塑料筐 游戏桌椅 搭建图例	有助于幼儿分类取放积木 提供操作场地 提供参考，降低难度，培养观察能力
木质积木（标准型号）	结实耐玩，便于造型 形状多样、大小不一，便于幼儿对形状、大小、长短、轻重等因素的感知；相同形状的积木数量较多，便于感知等高、等宽、对称等	中型彩色实心积木，中型本色实心积木	玩具材料柜或箱及分类标记 地毯或EVA地板块 塑料小筐 废旧物品（易拉罐、薯片桶、自制花坛、树木、路灯、台阶、红绿灯等）	学会按标记自己取放玩具 减少积木碰撞和落地时的噪音 便于按需要有计划地取积木，还可以用作盖顶使用 激发对搭建活动的兴趣，产生有目的的搭建
自制混合积木	丰富游戏的内容与情节，装饰作用较强（幼儿多用于围拢、盖顶使用；一般体现在小班初期，以后随着建构能力的增长多转为辅材使用） 能激发动手能力，引导幼儿参与到简单的搜集与制作当中，培养环保意识	自制纸盒类积木、易拉罐、薯片桶等圆柱体	玩具材料柜或箱及分类标记 地毯或EVA地板块 塑料小筐	让幼儿学会按标记自己取放玩具 减少积木碰撞和落地时的噪音 便于幼儿学习按需要有计划地取积木

4～5 岁

主要材料			辅助材料	
品　种	作　用	玩具举例	品　种	作　用
桌面积木（标准套装）	材料占空间小，便于布局，易于形成作品 可独立游戏，也适于二三人合作游戏 可与中型积木搭配使用，建构细小的主题情节	主题类桌面套装积木例如：《小小别墅》、《大城堡》	玩具材料柜或分类塑料筐 游戏桌椅 搭建图例	有助于幼儿分类取放积木 提供操作场地 提供参考，培养观察能力
优卡积木	形状单一，造型能力极强，一般与中型实心积木配合使用 幼儿可以根据意愿任意建构，便于培养创造力、想象力，乐趣无穷	各种尺寸的优卡积木	玩具材料柜或分类塑料筐 搭建图例 欣赏作品	有助于幼儿分类取放积木 引导自主搭建 培养审美能力
木质积木（标准型号）	结实耐玩，结构与实际建筑造型比较相近，便于造型 形状多样、大小不一，便于幼儿对形状、大小、长短、轻重等因素的感知 帮助幼儿在游戏中逐步形成数、形、比较、对称等概念，并可以在搭建活动中综合运用	小型、中型、本色实心积木，彩色小型、中型积木	玩具材料柜或箱及分类标记 地毯或 EVA 地板块 塑料小筐 废旧物品（易拉罐、薯片桶、自制花坛、树木、路灯、台阶、红绿灯等）	让幼儿能按标记取放玩具 减少噪音 便于幼儿按需要有计划地取积木 激发幼儿对搭建活动的兴趣，产生有目的的搭建

（续）

主要材料			辅助材料	
品 种	作 用	玩具举例	品 种	作 用
自制混合积木	扩展游戏的内容和情节，装饰作用较强（多与其他积木一起使用） 引导幼儿参与到收集与制作玩具的活动中，激发动手能力，培养环保意识	自制纸盒类积木；易拉罐等	玩具材料柜或箱及分类标记 地毯或 EVA 地板块 塑料小筐	让幼儿能按标记取放玩具 减少噪音 便于幼儿按需要有计划地取积木

5～6 岁

主要材料			辅助材料	
品 种	作 用	玩具举例	品 种	作 用
桌面积木（标准套装）	材料占空间小，便于布局，易于形成作品 可独立游戏，也可适于二三人合作游戏 可与中型积木搭配使用，建构细小的主题情节	桌面套装积木例如《小小别墅》、《大城堡》	玩具材料柜或分类塑料筐 游戏桌椅	有助于幼儿分类取放积木 提供幼儿游戏空间

（续）

主要材料			辅助材料	
品　种	作　用	玩具举例	品　种	作　用
木质积木（标准型号）	结实耐玩，结构与实际建筑造型比较相近，便于造型 形状多样、大小不一，便于幼儿对形状、大小、长短、轻重等因素的感知 帮助幼儿形成数、形、比较、对称等概念，并在搭建活动中灵活运用 异型积木的投放为搭建设置了一些难题，增加了解决问题的难度，并帮助幼儿理解体积守恒和等量关系	小型、中型、本色木实心积木，彩色小型、中型积木、异型积木	玩具材料柜或箱及分类标记 地毯或 EVA 地板块 塑料小筐 废旧物品（易拉罐、薯片筒、自制花坛、树木、路灯、台阶、红绿灯） 建筑欣赏图例 搭建图例	让幼儿能按标记取放玩具 减少积木碰撞和落地时的噪音 便于幼儿按需要有计划地取积木 激发幼儿对搭建活动的兴趣，并产生有目的的搭建 培养审美能力 引导自主搭建
自制混合积木	扩展游戏的内容和情节，装饰作用较强（多与其他积木一起使用） 引导幼儿参与到收集与制作玩具的活动中，激发动手能力，培养环保意识	自制纸盒类积木，易拉罐等	玩具材料柜或箱及分类标记 地毯或 EVA 地板块 塑料小筐	让幼儿能按标记取放玩具 减少噪音 便于幼儿按需要有计划地取积木

二、插装类

1. 插装类玩具与幼儿身心发展特点。

插装类的玩具因为颜色鲜艳，变化形式多样，插接后能够直接作为玩具玩耍而深受幼儿喜爱。幼儿在插装初期不喜欢按照图例插，而是喜欢随意插。插着插着感觉像什么就说成是什么，因此总是可以听见他们在不断地自言自语，发出类似风声、枪炮声的模拟声音。幼儿喜欢插接同样类型的玩具，插接时会情不自禁地相互模仿、交流插接的方法，尤其是那些具有主题的插接玩具（如玉米农庄、汽车人、小小汽车城一类的玩具）更加让幼儿喜爱。

插装类玩具能够满足幼儿喜欢动手，喜欢新奇变化的特点。2～3 岁的幼儿开始并不把插接玩具用来插接，他们也许会把插接材料摆成长龙，或叠摞加高；喜欢敲击听声音，慢慢发现缺口与玩具的对应关系；喜欢插接重复的作品；在游戏之前爱将自己喜欢的颜色或形状的玩具占为己有；爱把玩具混在一起摆放，但在成人的引导下或标志的提示下能按颜色分类收放。3～4 岁的幼儿经常玩与插接活动无关的游戏，自己的游戏行为容易受到别人的影响，模仿性强。4～5 岁的幼儿注意到了插接图例的作用，他们会有很长一段时间按照图例插接，不断变换花样，能够运用插接技能来完成自己的想法。插接后幼儿会一起玩与玩具有关的游戏，例如：插了汽车就开车，插了手枪就玩打仗。他们也有了合作意识，愿意为同一题材的需要而插接，但合作过程中自控能力较差。幼儿在插接过程中有交流意识，但不能充分表达；能够分类整理玩具；在教师的情境启发下产生有目的插接并能创造性地开展主题插接活动。5～6 岁的幼儿具有较好的插装技能，对具有一定难度、形成一定挑战性的插接玩具感兴趣，尤其是大的组合插接玩具，例如：齿轮交通插接玩具、赛车场的大型插接玩具等。选择的插接类材料受到影视、图书、文学作品等多方面媒体的影响，体现为不同时期的儿童钟爱对象有所不同。例如：电视里演出了奥特曼，那么这类玩具就比较受宠。大班幼儿搭建的物体结构上较中班更加复杂和富有创造性，能关注事物的细节；能自发地根据游戏主题的需要进行区域之间的联合游戏。

2. 插装玩具的投放功能与幼儿行为表现。

年龄班	投放功能	行为表现
2～3岁	满足幼儿利用积塑材料动手插接的兴趣和需要 通过摆弄和探索多种游戏材料使幼儿初步感知物体的属性	喜欢插接重复的作品 在游戏之前爱将自己喜欢的颜色或形状的玩具占为己有 爱把玩具混在一起摆放，在成人的引导下或标志的提示下能按颜色分类收放
3～4岁	通过摆弄和探索多种游戏材料使幼儿感知物体的属性 在游戏中学习简单的插接技能，发展空间知觉 能根据自己的喜好和需要选择合适的游戏材料，插接出简单造型，能用插出的造型当做玩具来玩 在游戏中培养幼儿的手眼协调能力及小肌肉的灵活性	喜欢插接重复的作品 当自己的作品被同伴破坏，或无意中碰倒别人的玩具时，会影响游戏的情绪 经常玩与插接活动无关的游戏 自己的游戏行为容易受到别人的影响，模仿性强 爱把玩具混在一起摆放，在成人的引导下或在标志的提示下能按颜色分类收放
4～5岁	能够满足情绪需要，在探索建构性玩具过程中获得感官上的满足 引导对事物的有序观察，在游戏中发展空间知觉和发挥想象与创造 可以表达对生活的兴趣，反映对周围现实生活的了解 学习有目的、有计划地选择所需材料进行创造性的插装 能够与同伴交流合作，形成一定的交往技巧	能够运用插接技能来完成自己的想法 有合作意识，愿意为同一题材或为主题需要而插接，但合作过程中自控能力较差 插接过程中有交流意识，但不能充分表达 能够分类整理玩具 能在教师的情境启发下产生有目的插接，并能创造性地开展主题插接活动
5～6岁	培养对插装活动兴趣的持久性，形成对主题的延续搭建 培养对事物的细致观察，尽情发挥想象与创造，表达对生活的兴趣，反映出插装水平的提高 自制游戏中所需的特殊玩具，进行辅助材料的插装 提供表达与交流合作的机会，满足精神需求	具有较好的插装技能，搭建的物体结构较中班更加复杂和富有创造性 会根据一定主题有目的建构 在建构活动中，能关注事物的细节 能自发地根据主题需要进行区域之间的联合游戏 分工、合作意识和能力逐步增强，常常为解决一个问题发生争执，但很快会服从于某一个更有说服力的意见

3. 插装类玩具的配备。

2～3 岁

主要材料			辅助材料	
品　种	作　用	玩具举例	品　种	作　用
嵌接玩具	在游戏中感受区分物体凸、凹面，感知凹、凸连接相吻合的特性 发展幼儿的手眼协调能力及小肌肉的灵活性	玩具的连接面：一面是凹槽，一面是凸起。幼儿连接时将一个玩具的凸起嵌入另一个玩具的凹槽，这种连接相对于叠接类玩具，连接稳定性较好	设备： 玩具架、玩具筐、专用桌椅、作品展示平台 拼插范例	便于幼儿收放玩具，交流展示作品 了解玩具正确玩法，丰富幼儿游戏主题
旋接玩具	幼儿通过旋拧动作操作玩具，发展小手肌肉的灵活性 在游戏中区分大小、形状进行配对旋拧连接	玩具具有子母性质，玩具的一端是螺丝，另一端是螺母。螺丝、螺母相对应，旋拧进行连接游戏		
套接玩具	在操作游戏中辨别粗细，感知物体套接的特性	玩具的一头比较粗，另一头比较细，幼儿在游戏时，需要粗细相套进行连接游戏。例如：《大炮弹》		

3～4岁

主要材料			辅助材料	
品　种	作　用	玩具举例	品　种	作　用
嵌接玩具	游戏中感受区分物体凸、凹面，感知凹、凸连接相吻合的特性 发展幼儿的手眼协调能力及小肌肉的灵活性	平面嵌接（平面扩展） 立体嵌接（向上延伸）	设备： 玩具架、玩具筐、专用桌椅、作品展示平台 拼插范例 拼插图例	便于幼儿收放玩具，交流创造的方法与经验 了解玩具正确玩法，丰富幼儿游戏主题
旋接玩具	幼儿通过旋拧动作操作玩具，发展小肌肉的灵活性 在游戏中区分大小、形状进行配对旋拧连接	桌面小型旋接 地面大型旋接		
插接玩具	能根据喜好和需要选择合适的游戏材料，学习简单的插接技能并插接出简单的造型 能用插出的简单造型当做玩具来玩	玩具上许多成长条的切口，游戏时玩具的切口与切口相插接。例如：大型《雪花插片》、《小鱼插片》		
套接玩具	在操作游戏中辨别粗细，感知物体套接的特性	例如：《大炮弹》		

4～5岁

主要材料			辅助材料	
品　种	作　用	玩具举例	品　种	作　用
嵌接玩具	感受区分物体凸、凹面，感知凹、凸连接相吻合的特性 进行简单的嵌接造型游戏	平面嵌接 立体嵌接	玩具架、玩具筐、专用桌椅、作品展示平台 拼插图例	便于幼儿收放玩具，交流创作的方法与经验 知道玩具正确玩法，丰富幼儿游戏主题
旋接玩具	通过旋拧动作组装玩具，发展小手肌肉的灵活性 学习使用简单的工具：螺丝刀、扳子等劳动工具	木工部件（用螺丝、螺母旋接） 组装塑料玩具		
插接玩具	通过插装活动表达对生活的兴趣，反映对周围现实生活的认识 尝试有目的、有计划地选择所需材料进行创造性的插装，发展空间知觉	例如：中小型《雪花插片》、《五型花插片》		
主题积塑	满足对不同题材的兴趣需求，吸引更多幼儿参与插接游戏 可以由多人分工合作共同完成，培养幼儿的空间知觉与合作能力	玩具具有主题拼装的特点，例如：《农庄插塑》、《城堡插塑》、大型宝高玩具	图例 主题环境 桌子或软地垫	培养幼儿按照图例拼装玩具的能力 引发幼儿主题插接、组装的游戏兴趣 提高幼儿游戏操作空间

5～6 岁

主要材料			辅助材料	
品　种	作　用	玩具举例	品　种	作　用
嵌接玩具	感受区分物体凸、凹面，感知凹、凸连接相吻合的特性 在游戏中发展幼儿的嵌接造型能力，发展幼儿的想象力、创造力	平面嵌接 立体嵌接	设施： 玩具架、玩具筐、专用桌椅、作品展示平台 拼插范例 拼插图例	便于幼儿收放玩具，交流游戏经验 提供模仿对象，启发思考 丰富拼插内容
旋接玩具	利用螺丝、螺母组装玩具，发展手部肌肉的协调性及灵活性 在游戏中探索使用简单的劳动工具：螺丝刀、扳子等	木工部件（用螺丝、螺母旋接） 组装塑料玩具		
插接玩具	支持对插装活动的持久兴趣，培养围绕主题插装的能力 尝试有目的、有计划地选择所需材料进行创造性的插装	例如：小型《雪粒插片》、《五型花插片》		
主题积塑	满足对不同题材的兴趣需求，吸引更多幼儿参与插接游戏 可以由多人分工合作共同完成，培养幼儿的空间知觉与合作能力	玩具具有主题拼装的特点，例如：《农庄插塑》、《军事插塑》、大型宝高玩具	图例 主题环境 桌子或软地垫	培养幼儿按照图例拼装玩具的能力 引发主题插装的兴趣 方便操作
组合插装（交通、电子积木）	满足主题插接的需要 培养合作、交往能力 在按图例插接、拼装基础上进行创造性主题插装	玩具具有主题游戏拼装的特点，可以由多人分工合作共同完成，例如：美斯麦克大型拼装玩具	图例 主题环境 软地垫	培养幼儿按图例拼装的能力 引发主题插装的兴趣 方便游戏并减少噪音

三、混合建构类

1. 混合建构类玩具与幼儿身心发展特点。

混合建构类游戏主要是利用沙土、石头、树叶、冰雪等自然物进行建构，它的作用远远超越了搭建活动本身的功能。它除了能够发展幼儿的建构能力以外，还使幼儿接触到阳光、空气，亲近自然，获得情感释放，产生对环境的支配欲望，体验同伴间合作的重要性。玩混合建构类游戏的首要问题是保证幼儿的安全，注意卫生防护。沙石建构可以和游泳池混用空间，冬天是沙石池，夏天是游泳池。

沙、石、土是一年四季都可以利用的自然材料。幼儿用小铲子挖洞时会联想洞中可能有老鼠、小蛇等动物，他们会把树叶、玩偶当成自己的朋友，为它们搭建山洞、盖房子。这些联想使看起来枯燥无味的重复动作充满了乐趣。雪花能把孩子们带进银白色的童话世界：那飘落到脸上的感觉，漫天白雪的美景，大雪中“卖火柴的小女孩”的童话故事，“圣诞树”的神秘诱惑…… 满足了孩子富于想象的天性。可塑性强的自然雪使得幼儿既能单独塑造建筑物，又可以集体堆雪人，还可以快乐地模仿解放军打雪仗，在洁白的雪地上用脚印画画…… 这是孩子们情感宣泄、感受同伴友情的最好时刻。

2～3 岁的幼儿愿意自己玩沙水，喜欢从小容器向大容器倾倒沙或水。当新玩法，新工具出现的时候，喜欢模仿。3～4 岁的幼儿会对自己的作品很高兴，愿意让同伴和老师看。4～5 岁的幼儿愿意尝试合作，喜欢模仿别人的做法；十分珍惜自己的作品；喜欢挖洞，倾泻，倒空，拍打，过筛等动作。5～6 岁的幼儿愿意和同伴一起游戏，有初步的合作意识和探究意识；会初步选择和利用工具、辅助材料开展游戏；在玩沙水游戏时，安全和卫生意识较弱。

利用自然土、自然雪组织混合建构游

戏要根据天气情况保证幼儿的安全。例如玩沙土的时候给幼儿套上两个布做的腿套，避免沙土进入幼儿的鞋。冬天玩雪要让幼儿用工具搭建，不能用手，避免冻伤。

2. 混合建构类玩具的投放功能与幼儿行为表现。

年龄班	投放功能	行为表现
2～3 岁	乐于亲近大自然，感知其景物的不同变化 加深幼儿亲近自然、热爱自然的情感 学习安全地使用劳动工具和用具	愿意自己玩沙水 当新玩法、新工具出现的时候，喜欢模仿
3～4 岁	在游戏过程中产生喜欢、热爱大自然的情绪情感 学习安全地使用劳动工具和用具 练习使用工具，进行简单的造型	愿意自己玩沙水 当新玩法、新工具出现的时候，喜欢操作和模仿 愿意让同伴和老师欣赏自己的作品
4～5 岁	加深幼儿亲近自然、热爱自然的情感 练习正确使用工具和用具 选择自己喜欢的工具玩沙、玩水和玩土，利用材料创作性地进行造型	尝试合作，喜欢模仿别人的做法 十分珍惜自己的作品 喜欢从小容器向大容器倾倒沙或水 喜欢挖洞、倾泻、倒空、拍打、过筛等动作
5～6 岁	加深亲近、热爱自然的情感 增进对自然界事物和现象发展变化的认识 选择自己喜欢的工具玩沙、玩水和玩土，利用材料创作性地进行造型	愿意和同伴一起游戏，有初步的合作意识和探究意识 会初步选择和利用工具、辅助材料开展游戏 在玩沙、玩水游戏时，安全和卫生意识较弱

3. 混合建构类玩具的配备。

2～3 岁

主要材料			辅助材料	
品 种	作 用	玩具举例	品 种	作 用
沙水 石头 树叶 雪	乐于亲近大自然，感知其景物的不同变化 加深幼儿亲近自然、热爱自然的情感 学习安全操作和使用劳动工具和用具	沙土 沙坑（沙池、沙箱、沙盘） 沙土玩具（工具、模具）	水桶、脸盆、毛巾 动物、植物、人物、车辆、房屋等模型类玩具 废旧物品：瓶、罐、碗、盒、板等	丰富幼儿的游戏情节

3～4 岁

主要材料			辅助材料	
品种	作用	玩具举例	品种	作用
沙水 石头 树叶 雪	在游戏过程中产生喜欢、热爱大自然的情绪情感 学习安全使用、操作劳动工具和用具 选择喜欢的工具玩沙、玩水、玩土，并用工具进行简单的造型或产生相关游戏情节	沙土 沙坑（沙池、沙箱、沙盘） 沙土玩具（工具、模具）	水桶、脸盆、毛巾 动物、植物、人物、车辆、房屋等模型类玩具 废旧物品：瓶、罐、碗、盒、板等	丰富幼儿游戏情节

4～5 岁

主要材料			辅助材料	
品种	作用	玩具举例	品种	作用
沙水 木 石 雪	加深幼儿亲近自然、热爱自然的情感 安全地使用、操作劳动工具和用具 选择喜欢的工具玩沙、玩水、玩土，能利用材料创作造型或产生相关游戏情节	沙土 沙坑（沙池、沙箱、沙盘） 沙土玩具（工具、模具） 木工玩具	水桶、脸盆、毛巾 动物、植物、人物、车辆、房屋等模型类玩具 废旧物品：瓶、罐等 筐、绳、颜料	便于幼儿收放玩具，交流游戏经验 探索玩具正确玩法，丰富幼儿游戏主题

5～6 岁

主要材料			辅助材料	
品种	作用	玩具举例	品种	作用
沙水 木 石 雪	加深亲近、热爱自然的情感 增进对自然界事物和现象发展变化的认识 选择喜欢的工具玩沙、玩水、玩土，能利用材料创作造型或产生相关游戏情节	沙土 沙坑（沙池、沙箱、沙盘） 沙土玩具（工具、模具） 木工玩具	水桶、脸盆、毛巾 动物、植物、人物、车辆、房屋等模型类玩具 废旧物品：瓶、罐、碗、盒、板等	便于幼儿收放玩具，交流游戏经验 探索玩具正确玩法，丰富幼儿游戏主题

益 智 类 玩 具

一、种植养殖类

1. 种植养殖类玩具与幼儿身心发展特点。

幼儿对动物、植物的观察活动可以划分为无意观察和有意观察两种。能够引起幼儿无意观察的动植物在外观上是醒目夺人的。例如动物的憨态可掬、活泼好动，或植物的花繁叶茂、勃勃生机。然而，作为动植物观察区域的生态教育活动，更注重的是引导幼儿的有意观察。让幼儿在参与动物、植物的养殖种植过程中学会照料有生命的东西，以此培养其对自然与生命的崇敬和爱心。还要引导幼儿观察动植物生长变化的条件，培养他们保护环境的意识，并获得一些粗浅的种植养殖经验和常识。由于小班幼儿还不具备独立的观察能力，观察活动需要在教师组织下进行，目标以通过动手获得充分的感知为主；中班幼儿好奇心强，可以多为他们设置一些问题，以激发幼儿有目的的观察；大班幼儿需要更多的动手实验的机会，使他们能够在积极的探究过程中体验到能力和自信。

种植养殖活动区域的大小取决于幼儿园活动室和户外面积的大小，还要看幼儿园和班级中动物、植物种类与数量的多少。一般来说，适合幼儿种植和欣赏的植物品种应该是容易成活的，有利于净化室内空气的，无毒无刺，比较安全的。此外，最好还要考虑形状的美观、色彩搭配的丰富和植物间明显的差异性。供幼儿进行科学种植的植物品种应该是生长变化速度明显的，容器最好是透明的，使可以看到里面植物的根茎，观察到植物的生长变化。

养殖动物要考虑它们的健康与生命的存活，这有利于培养幼儿对生命的尊重。养在户外的大中型动物，能够放养的尽量放养。室内可以考虑饲养蜗牛、乌龟、小鸟等动物。金鱼在普通鱼缸中不容易存活，最好由幼儿园在专门的鱼缸中统一喂养。蝌蚪要在变成青蛙之前放回到池塘中，否则也容易死掉。

在种植养殖区还需要创设为动植物生长做科学研究和观察记录的条件。例如动植物生长所赖以的阳光、空气、温度、水分、养料、食物等因素，以及对这些因素的观察设计和记录统计。

2. 种植养殖类玩具的投放功能与幼儿行为表现。

年龄班	投放功能	行为表现
2～3 岁	引发对生命物体观察的意识与兴趣 可以观察到生活中一些容易种植和饲养的动物、植物 培养对生活中经常食用的水果、蔬菜的兴趣	喜欢观察动物，在成人引导下能发现动物的主要特征 喜欢用手去触摸植物，放在手里玩 喜欢模仿成人给植物浇水、给动物喂食 喜欢与拟人化的蔬菜和水果娃娃说话
3～4 岁	提供让幼儿亲自动手、照料生命体的机会 培养对动植物的好奇心、观察兴趣和探索的欲望 喜欢生活中的动植物，能够爱护它们 愿意参与种植和饲养活动，养成一定的劳动习惯 获得初步的种植、饲养经验	喜欢观察动物，会不由自主地与小动物说话 愿意参与种植活动，喜欢用手去触摸植物 在照顾动物、植物时，有“拟人化”的特点，把动植物当作是自己的伙伴 喜欢模仿成人给植物浇水、给动物喂食 照料动、植物缺乏坚持性和计划性 缺乏照顾动、植物的经验
4～5 岁	在参与种植养殖活动的过程中感知生命，亲近自然 通过职责分工养成责任感 产生有目的、有方向性地连续观察 能用适当的方式做记录和进行描述性表达	对自己养护的动植物关心，能自发地为植物浇水、给动物喂食 对照顾动物、植物的工作有较强的好奇心，喜欢提出有关的各种问题 在种植和饲养活动中缺乏坚持性，往往需要成人提醒才能坚持完成 常把种植、养殖的工具、器皿和操作材料当作玩具玩 经培养能够连续做简单的观察记录

（续）

年龄班	投放功能	行为表现
5～6 岁	在长期的种植、饲养活动中增强任务意识，培养坚持性 了解动植物的生活习性和生长特点，获得真实的感性经验 通过猜想、观察、记录、实验、验证等方式，体验完整的科学发现过程 在积极观察、动手操作活动中养成爱思考、爱提问的习惯，培养在集体中交流分享个人见解的能力	对自然界充满好奇，有种植和饲养动植物的愿望 对事物的成因和变化有粗浅了解，喜欢大胆猜想 能够对事物的现象和变化做观察记录，对自己感兴趣的活动能够自觉坚持 喜欢用自己的方式验证猜想，常常出现“好心办坏事”的现象

3. 种植养殖类玩具的配备。

2～3 岁

主要材料			辅助材料	
品　种	作　用	玩具举例	品　种	作　用
动物： 家禽 昆虫 鱼类	提供饲养对象 激发对动物的好奇心 激发爱护动物的情感	兔子 小鸡 鸭子 蜗牛 金鱼	笼子 自然角架 造型各异的花盆 动物饲料	为幼儿饲养动物提供场地和设备 美丽的外观引发幼儿观赏兴趣
植物： 盆花 水果 蔬菜	激发好奇心 引发爱护植物的情感	串红、蝴蝶花、菊花、蝴蝶兰、长寿花 香蕉、苹果、梨、柿子、西瓜、橘子 南瓜、葫芦、黄瓜、茄子	制作水果娃娃的工具（毛线、食品袋、剪刀等） 形象逼真的动物喷壶（各种挤压式浇灌工具）	提供动手机会，引发幼儿的观察兴趣 能在教师指导下学习给植物浇水，激发对植物的兴趣

3～4岁

主要材料			辅助材料	
品　种	作　用	玩具举例	品　种	作　用
观察对象： 动物 植物	满足观察和饲养动植物的需要 提供亲自照料动植物的机会，了解它们的外形特征及生活习性	兔子、鸡、鸭、特征明显的鱼、乌龟、大蜗牛 体大色彩鲜艳的昆虫标本（如蝴蝶、蜻蜓）等 常见水果 色彩鲜艳的花草，如含羞草	笼子、鱼缸、自然角架，造型各异的花盆等 动物饲料 制作水果娃娃的工具（毛线、食品袋、剪刀等） 食物记录表	为饲养动物提供场地和设备 观察、喂养动物，了解它们的生活习性 激发对外界事物观察的兴趣 巩固获得的知识
观察工具： 放大镜 观察箱	引发观察的兴趣 便于观察动植物的特征	手持放大镜 观察盒 观察板 观察记录册	材料分类筐 形象逼真的动物喷壶（各种挤压式浇灌工具）、小铲	便于幼儿按类收放工具 激发照料植物的兴趣，学习给植物浇水

4～5岁

主要材料			辅助材料	
品　种	作　用	玩具举例	品　种	作　用
观察对象： 动物 植物	感知更多的动植物 感知动物、植物标本 进一步感知动植物较复杂的特征	兔、鸡、鸭 不同特征的鱼类 含羞草、万年青、吊兰、富贵竹、文竹等植物 枫叶、蝴蝶、甲壳虫等动植物标本 水泡植物（豆类、白菜、萝卜）； 种植花草（圣女果、扁豆、黄瓜）	种植园、养殖区、笼子、自然角架等 造型各异、具有趋光性、向光性等不同功能的花盆（如将几个纸盒拼摆成房子的造型粘连好，在纸盒相连的地方钻好孔，植物会顺着这个孔生长） 动物饲料 动植物标签	为饲养动物提供场地和设备 满足审美需要 了解植物生长的基本条件 了解动物的生活习性 标明动植物的正确名称

（续）

主要材料			辅助材料	
品　种	作　用	玩具举例	品　种	作　用
观察工具： 放大镜 尺子	获得愉快的情绪体验 促进观察能力的发展	手持放大镜 刻度尺 皮尺	筐 观察记录本 喷壶，小铲，多功能浇水工具	便于收放工具 通过实验对比，了解影响植物的生长要素 使用不同的浇水工具，探究有效的浇水方法

5～6 岁

主要材料			辅助材料	
品　种	作　用	玩具举例	品　种	作　用
观察对象： 动物 植物	帮助了解动物与环境和人类之间的关系 帮助了解植物与环境和人类之间的关系	蚯蚓、蚂蚁、蚕、乌龟、不同习性的鱼 蝌蚪等动物生长过程标本或鸟类、家禽等动物标本 常青树、落叶树等 幼儿自带动物、植物	种植园、养殖区、笼子、自然角架等 具有趋光性、向光性等不同功能的花盆及辅助材料 动物饲料和植物养料：鱼食、乌龟食、鸡蛋壳、茶叶水 动植物标签	为幼儿饲养动物提供场地和设备 了解植物生长的主要条件 探究动物的生活习性 标明动植物的正确名称
观察工具： 放大镜 显微镜 昆虫箱 植物生长箱	运用多种方法感知观察事物 乐于探索	手持放大镜 自制植物生长箱	筐 观察记录本和表（幼儿猜想、观察和验证） 喷壶，小铲，不同材料和功能的浇水工具 自制测量工具	便于收放工具 通过实验对比，了解植物的生长要素 使用不同的浇水工具，探究有效的浇水方法 在观察照料植物的过程中学习简单的测量方法

二、操作类

1. 操作类玩具与幼儿身心发展特点。

幼儿喜欢使用工具进行操作，改变物体的外形，或者干脆就是喜欢敲敲打打的动作本身。例如，他们会把东西拆开，重新排列、分类、比较、匹配、制作，往往一遍一遍地尝试，然后才去迎接新的挑战。那些声响玩具，穿孔、拾物、触物等玩具在幼儿看来并不是相互割裂的，他们也许会把某两种不同物体合在一起玩。例如：把两个捡拾物体使用的夹子敲来敲去，聆听声音；也可能把“声响块”叠摞起来搭建着玩，这些都是幼儿了解事物的正常行为方式。

操作类的玩具应该分类摆放，培养幼儿有规律的行为习惯，但对玩具的玩法不宜过于强求。玩具的提供要考虑多样性和层次性，并做到有计划地更换，以促进幼儿在原有水平上获得发展；玩具的提供还要考虑内容和品种的丰富性，以便能引发幼儿的联想，将两种以上的玩具和材料建立联系，形成多种多样的玩法。

除幼儿园提供的玩具外，设立自带玩具区，允许幼儿把自己的玩具带到幼儿园与小朋友一起玩，相互交换玩，也不失为一个好方法。

2. 操作类玩具的投放功能与幼儿行为表现。

年龄班	投放功能	行为表现
2～3岁	满足幼儿的动手愿望 满足幼儿的探究兴趣 发展手指力量和小肌肉动作的灵敏性 发展手眼协调能力	喜欢颜色鲜艳、柔软、有声响的玩具 会经常选择自己熟悉或玩过的玩具材料。选择材料随意性强，短时间内不断变换 喜欢独占玩具或独自游戏。容易争抢玩具 从众性强，易受同伴影响，喜欢模仿别人的游戏。注意力易受周围环境的影响而转移 希望成人关注自己，愿意与教师一起游戏
3～4岁	满足幼儿的动手愿望和探究兴趣 发展感知觉和小肌肉动作 培养审美能力 培养观察思考能力 培养在喜欢的活动中提高注意力和坚持性	喜欢颜色鲜艳、柔软、有声响和可变化的玩具 喜欢多种感官并用，探究玩具的玩法。喜欢重复性探究。对自己喜欢的游戏能专注较长时间 操作材料时的准确性不高，随意性强，经常变换材料。喜欢根据自己需要或已有经验“创新”游戏材料的玩法 喜欢独占玩具或独自游戏，易受同伴影响，从众性强，喜欢模仿别人的游戏 希望老师关注自己，喜欢与老师交流 遇到困难容易放弃

（续）

年龄班	投放功能	行为表现
4～5岁	提供动手操作的机会 发展小肌肉动作的灵活性与协调性 感知物体的异同，并能从一个维度将它们分类 感知物体形状及各种形状之间的转换关系 提高审美的实践能力	经常会为抢占活动空间和争抢玩具材料发生争执 操作中遇到困难时，容易退缩放弃 操作与讲述同步，边玩边说 思维与游戏同步，边玩边想 喜欢动手操作 想象力丰富，有意想象水平提高
5～6岁	运用多种感官探究和解决问题，体验动手动脑的快乐 探索和发现操作材料的多种玩法 尝试运用比较的方法，感受物体之间的异同，能够从两个维度对常见事物进行分类	游戏中有一定的规则意识 遇到问题，能在教师引导下尝试自行解决 想象力丰富，有意想象水平提高 活动中能与同伴交流、合作，分享操作经验

3. 操作类玩具的配备。

2～3岁

主要材料			辅助材料	
品　种	作　用	玩具举例	品　种	作　用
声响玩具： 电动 手动	激发好奇心 感知声音的不同	打桩床、老鼠机、充气玩具、电动玩具等	球、锤子、敲击棒、电池	感知不同敲击工具的敲打效果 感知动作与声音效果之间的联系
穿孔： 平面 立体	培养良好的情绪情感 发展手的动作	大珠子、大线轴、大扣子、穿线板、瓶盖、动物轮廓板	各种大小不同的塑料瓶 夹子、拨珠玩具、旋拧玩具 长短粗细适宜的绳和线	放置游戏材料 发展幼儿拧、套、盖、夹的技能 体验用不同材质的线穿孔
拾物： 物品 工具 容器	提供模仿成人活动的机会 发展小肌肉动作的灵活性	大颗粒珠子、纸团、蚕豆、大芸豆 喂动物、喂娃娃的模型容器 勺子、夹子	操作台 环境背景	提供适宜的空间和场地条件，让幼儿感到舒适 通过对环境的渲染，激发幼儿的兴趣

（续）

主要材料			辅助材料	
品　种	作　用	玩具举例	品　种	作　用
触物： 实物 图形	引导幼儿触摸不同材质的物品，发展感知觉 发展图形知觉	木质：积木、串珠；塑料：插片 布质：布娃娃、沙包 自然物：棉花、石子、水果 几何图形板：圆形、三角形、正方形、长方形	生动的游戏背景（如“玩具大变脸”） 造型可爱的摸箱、摸袋	引起触摸兴趣 发展探究心理 发展动作

3～4岁

主要材料			辅助材料	
品　种	作　用	玩具举例	品　种	作　用
声响玩具： 自然物发声 玩具发声	激发对声音的好奇 感知声音的不同 发展手的控制能力	声音配对玩具（沙、豆、石子）、吊钟、吊瓶、吊盘玩具 发声玩具、儿童琴等	容器 操作卡片	提供探索条件 鼓励自主学习
穿孔： 穿珠 穿板 穿物品	训练小肌肉动作 培养专注能力 培养审美、思维和创造力	大珠子、大线轴、穿扣子、穿线板 各种绳子：毛线、尼龙线、鞋带等 系扣子、拉锁玩具	操作背景 操作台 玩具分类筐 作品范例	营造游戏气氛 提供活动空间 感受做事的条理和规则 提供游戏的方向
拾物： 物品 工具 容器	练习拾取不同物品 练习使用不同工具 培养生活自理能力	大颗粒珠子、纸团、核桃、杏核等；塑料小插片 勺子、夹子、筷子、镊子等 托盘、碗、喂动物或娃娃的玩具、分豆豆玩具等	环境背景 操作台	烘托游戏气氛，引发游戏活动 提供静止的活动空间

（续）

主要材料			辅助材料	
品　种	作　用	玩具举例	品　种	作　用
触物： 感受形状 感受质地 感受重量	感知物品光滑与粗糙、软与硬、轻与重的特性 引发思维的对比活动	积木块、核桃、栗子等 棉花、石子、砂纸、小毛绒玩具、布艺玩具 泡沫块、木头块、金属块等	生动的游戏背景（如“玩具对对碰”） 造型美观的摸箱、摸袋 示范图例和操作标记	引发游戏兴趣 获得美的感受 引发有目的探究
玩具： 滑行 旋转		玩具车 陀螺		

4～5 岁

主要材料			辅助材料	
品　种	作　用	玩具举例	品　种	作　用
编织： 材料 纸、绳、自然物 工具 编织架、编织机	发展精细动作 练习使用工具 培养专注能力	用纸、绳、丝带编织的辫子、鞭子、尾巴、爬网、演出服装等 用玉米叶、麦秸、狗尾巴草等自然物编织的玩具	编织范例 编织图案 作品展示台	引发兴趣，启发思考 构图参考 体验成功和自信
穿孔： 穿玩具 穿材料 穿自然物	发展手眼协调能力 发现、创造规律	彩色塑料珠、木珠；粗细、质地不同的穿绳 玻璃珠、塑料管 山楂、蔬菜等	范例 图例 小夹子	根据材料不同进行有针对性的选择 进行有规律排序
穿系： 布艺玩具 穿系玩具	发展手眼协调能力 培养生活能力	剥蔬菜、水果玩具 木板多样穿编玩具	范例 作品展示架	引导有步骤穿系 体验成功和自信

（续）

主要材料			辅助材料	
品　种	作　用	玩具举例	品　种	作　用
触物： 物理类 电子类	发展手的灵敏性 促进思维能力 培养做事的专注力	挑棍、叠叠乐、骨牌 挑战者玩具、灯泡亮了、摩擦生电	记录表 红花榜	记录游戏的过程及不同的游戏方法 体验竞赛的快乐
拾物： 物品 工具 容器	训练手指的灵活性和准确性 培养耐心和专注的品质	纸团、海绵、黄豆、木珠 夹子、筷子 小信箱（夹纸片）	有情节的图片 分类盒 操作标记（数字、图形等）	激发拾物的兴趣 体验不同工具拾取不同材质的物品 理解数的实际意义
玩具： 弹力 摆动		打篮球、踢足球 躲避陷阱		
电脑： 电脑 相关设备 软件	培养良好习惯 提高手眼协调能力 发展自主学习能力	儿童电脑 独立光驱、耳脉、摄录设备等 龟博士乐园、智慧星卡卡乐园等适宜软件	专用电脑桌椅，钟表 软件分类盒 活动记录板	有利于健康 有目的选择游戏 鼓励自我监控、分享交流

5～6岁

主要材料			辅助材料	
品　种	作　用	玩具举例	品　种	作　用
编织： 材料 工具	提高操作水平 提高审美能力	不同质地的线：毛线、丝线、绒线 织布机、绣花绷子、编织架	范例 图例 展台	启发思考，贴近生活 进行有目的搭配 体验成功
穿孔	培养做事的坚持性 过程中发现规律	小珠子、饰物串珠	不同粗细，有弹性的绳	根据需要选择线绳

（续）

主要材料			辅助材料	
品　种	作　用	玩具举例	品　种	作　用
穿系： 穿系玩具	提高生活自理能力 发展手指动作的灵活性	模拟生活系鞋带	多孔穿板 不同样式的绳子	帮助幼儿拓展思路 根据不同幼儿水平分出层次
触物： 物理类 电子类	发展手的灵敏性 促进思维能力 培养做事的专注力	挑棍、叠叠乐、骨牌 挑战者玩具	适宜的场地和操作台面 登记或记录卡	烘托游戏氛围 了解幼儿的兴趣和游戏水平
拾物： 物品 工具 容器	发展手的精细动作 培养耐心和专注的品质	乒乓球、玻璃球 夹子、筷子 盘子、筐、盒子	沙漏、钟表 成绩记录单	提供时间限制的意识 激励积极向上
变形玩具	满足动手的兴趣 培养想象力	机器人 卡通动物 卡通人物 魔方类	范例 作品展示台	引发兴趣 鼓励作品交流
组装： 平面组装 立体组装	发展空间知觉 发展图形知觉 训练逻辑思维	七巧板、百变拼 恐龙蛋	图例 垫板	检验拼拆成品的参照物 可拿放作品
电脑： 电脑 相关设备 软件	培养良好习惯 提高手眼协调能力 发展自主学习能力	儿童电脑 独立光驱、耳脉、摄录设备等 龟博士乐园、智慧星卡卡乐园等适宜软件	专用电脑桌椅，钟表 软件分类盒 活动记录板	有利于健康 有目的选择游戏 鼓励自我监控、分享交流

三、规则类

1. 规则类玩具与幼儿身心发展特点。

规则类游戏的玩法是一种自主学习方式。它是幼儿摸索经验、寻找规律、尝试冒险、发展机智和历练勇敢拼搏精神的大舞台。幼儿天生都是探索家，对玩规则类玩具充满了兴趣与好奇，如果他们通过努力一步步获取了成功，自信心就会得到提升，好思考和好研究问题的个性也得到强化。幼儿在游戏中也不可避免地会遇到失败，这没有什么不好，只是承受挫折的能力个人有所差异。

规则类玩具分为可以独立玩和必须共同玩两种。镶嵌、拼图、套叠、接龙等玩具是属于可以独立玩的，而下棋、打牌等游戏就需要有对手。独立玩的玩具其规则就在玩具本身，结果是明确的。需要共同玩的玩具其规则除了玩具本身有所限定外，还要靠对手之间约定形成。由于幼儿期的儿童多是以自我为中心的，他们的玩法往往是自己按照自己的规则，并不关心对方是否与自己的规则一致，年龄越小，这种情况越为明显。由于规则类玩具挑战的是幼儿的逻辑思维，幼儿在面对这些玩具时的胜任感和操作顺利与否会有明显差异。如果幼儿独自玩感到太难，他们会请高手或好友与自己共同玩；但是在竞争胜负的游戏中有的幼儿就输不起，需要教师提供适宜的帮助。

规则类游戏赋予游戏对象某种规则，使游戏者在遵从这些规则的情况下进行游戏。这些规则限定了幼儿在游戏中的行为，使得幼儿只有在遵循这些规则的情况下才能把游戏进行下去。游戏的变通办法就是改变游戏规则，使得其构成的规则系统仍然保持完备性和相容性，从而创造出新的游戏，这是幼儿创造新游戏的常用方法。这种方法使得幼儿创造出来的游戏大同小异，使得其他幼儿能够触类旁通、举一反三。单人玩的游戏，对抗性是游戏规则本身。幼儿需要在规则之下寻找到取胜的最佳策略。

规则类游戏具有公平公正的特点，幼儿很可能在游戏中产生纠纷而寻求帮助。但是，让游戏继续进行是幼儿的愿望，所以成人不必急于介入，而是给幼儿保留自己解决纠纷的机会。

2. 规则类玩具的投放功能与幼儿行为表现。

年龄班	投放功能	行为表现
2～3 岁	提供活动材料，引发动手动脑 激发好奇心，鼓励探究活动 感受玩具内在的规则，体验游戏的愉快	自由地玩玩具，没有规则意识 能够接受成人的引导，但需要不断提示 愿意大家在一起，自己玩自己的 经常想变换玩具，还想玩别人手里的玩具 能够练习自己收放玩具
3～4 岁	培养探究兴趣 发展对颜色、形状、数量的观察能力 发展一一对应的数学能力 体会游戏规则的作用，养成遵守规则的意识	在教师提醒下能按标记收放玩具 缺乏规则意识，随意性较强 以自我为中心，合作意识不强。游戏时容易出现争抢，幼儿之间的冲突较多 更多的时候是自己独自进行游戏，缺乏竞争意识 遇到困难需要老师的引导和帮助

（续）

年龄班	投放功能	行为表现
4～5岁	培养规则意识，养成自控能力 使理解生活中简单的自然规律和某些行为的对与错 提供运用数学的机会 提供逻辑思考的机会 提供自主解决纠纷的机会	有初步的规则意识，经常因规则而发生冲突。能够简单分辨自己和他人的对与错 游戏兴趣存在明显的性别差异，女孩喜欢接龙排序等游戏，男孩喜欢棋类游戏 意志不坚强，容易半途而废，需要成人的鼓励和帮助
5～6岁	丰富智力游戏内容，加大游戏难度，提高挑战性 提供自主创建游戏规则的条件，发展创造性 使养成自觉遵守规则的意识，正确心态对待游戏胜负 提供向同伴学习，分享他人经验的机会 面对困难敢于挑战。能积极进行观察、思考、记忆、推理和判断，养成勤于思考的习惯	愿意选择规则类游戏，喜欢玩智力游戏，但性别差异较为明显，表现为男孩更喜欢玩此类游戏 竞争意识增强，求胜心切，有时不能很好地执行游戏规则和正确对待输赢 遇到困难容易放弃，需要成人的支持和帮助才能继续游戏

3. 规则类玩具的配备。

2～3岁

主要材料			辅助材料	
品　种	作　用	玩具举例	品　种	作　用
镶嵌： 平面镶嵌 立体镶嵌	满足探究需求 发展观察力和图形对应能力	泡沫地板块 抓手镶嵌板 水果、动物卡片和对应阴影图	温馨的操作环境 操作地面 操作台	满足情感需要 便于操作
接龙： 图案接龙 图形接龙	学习观察物体特征 进行小肌肉灵活性的练习	水果图案 动物图案 图形卡片 子母扣、纽扣	温馨的操作环境 操作台	满足情感需要 便于操作
套叠： 里外套 上下套	在随意摆弄中感知大小	套式玩具（套碗、套桶、套蛋）	筐 展示板	有利于幼儿收放玩具 隐性指导按大小排序

3～4 岁

主要材料			辅助材料	
品　种	作　用	玩具举例	品　种	作　用
镶嵌： 单层镶嵌 多层镶嵌	促进手眼协调，发展空间知觉 发展观察能力和图形对应能力	图形镶嵌板 镶嵌盒 抓手镶嵌板	温馨的操作环境 操作台	满足情感需要 便于操作
接龙： 图案接龙 图形接龙	学习观察物体特征 培养排序能力和逻辑思维能力	立体图案、平面图案（如交通工具接龙） 图形相碰、图形相接、图形对应	温馨的操作环境 操作台 操作图例	满足情感需要 便于操作 示范操作要领
拼图： 镶嵌拼图 图案对应拼图	激发幼儿对拼图的兴趣 发展幼儿的观察能力	熊宝宝穿衣板，水果、动物、交通工具拼图 （10～60 块）	拼图参照图 拼图分类筐	提供拼图的参考，判断拼图的正确 有利于幼儿拼摆及按类收放玩具
套叠： 里外套 上下套	在随意摆弄中感知大小和排序	套式玩具（套碗、套桶、套蛋）	筐 展示板	有利于幼儿收放玩具 隐性指导按大小排序
配对： 找相同 找关联	发展幼儿的观察能力 培养幼儿判断、推理能力	找影子游戏 木质配对盒 小动物找家操作卡	配对参照图 相关背景图，连线笔	订正配对结果 激发幼儿游戏兴趣
棋： 掷骰子棋 比大小棋	培养对下棋的兴趣 能遵守简单的规则 提供交往机会	动物棋 水果棋	压模棋盘 主题棋盘如：生活棋	平整、易保存 引导幼儿认知，熟悉生活情节，认识早晨、中午、晚上
游艺： 物理类 电子类	引发幼儿游戏兴趣 促进幼儿感知能力和动作的发展	小猫钓鱼、拉线木偶 遥控汽车、感应枪	游艺背景场地如：赛车跑道、钓鱼池塘 材料分类筐	提供游戏条件，激发幼儿游戏兴趣 有利于收放玩具

4～5岁

主要材料			辅助材料	
品　种	作　用	玩具举例	品　种	作　用
镶嵌： 多层镶嵌 拼图式镶嵌	促进手眼协调 发展空间知觉 发展认知能力	青蛙生长 寻找宝藏 蛋和鸡的演变 星球朋友 图形分割镶嵌 英文字母镶嵌	“动脑筋天地” 成果展示台面 筐、盒、布袋等容器	提供游戏条件 感受成功的喜悦 便于收放整理
接龙： 数学接龙 故事接龙	促进数、形概念的发展 促进幼儿对因果关系的理解	数字接龙、点卡接龙 生活常识、自然常识	场地(包括背景) 介绍不同形式的接龙图例 成果展示板	创设学习环境 引导游戏方向性 体验成功的快乐
拼图： 平面拼图 立体拼图	培养观察能力 发展空间知觉 培养做事认真,精力集中的品质	形状、色彩容易辨认的画面拼图 几何图形拼图(如七巧板) 按规律连接的拼图(如相邻数拼图) 六面立体拼图	场地及背景 拼图底板 压膜后的图例 完成情况记录	创设学习环境 保留和展示作品 提供参考资料 了解儿童发展水平
观察推理玩具： 走迷宫 找相同 找不同	培养观察能力 促进认知和推理能力 培养动脑筋的习惯	智力图书 智力玩具(如华容道)、自制迷宫玩具(如“滚小球”)	成绩记录卡(可以用于放入幼儿的成长档案)	增加游戏兴趣和目的性
守衡玩具： 固体守衡 液体守衡	感知物体的量 培养观察、判断能力	体积的测量、天平 水的测量	粗细不同的容器,如高矮不同、粗细不同的瓶子	便于幼儿动手操作,亲自感知、体验

（续）

主要材料			辅助材料	
品　种	作　用	玩具举例	品　种	作　用
棋： 掷骰子棋 步法选择棋 玩具棋	学习动脑筋解决问题 学习计数 培养专注和坚持性	基本棋：轮盘棋、连子棋、跳棋 主题棋：环保棋、卫生棋、动物棋、交通棋 情景棋：飞行棋、斗兽棋、小精灵棋	棋桌、棋凳 筐、纸盒	为幼儿游戏提供空间 有利于幼儿收放整理玩具
牌： 纸牌 木质牌 塑料牌	促进数、形概念的形成 训练记忆力 培养运算能力	接龙（吃面包） 配对（记忆找对） 数的合成（相加）	环境 多种层次的操作图例	提供玩牌的条件 引导自主学习
游艺： 物理类 电子类	发展手眼协调能力 发展思维能力	弹跳蛙 夺红旗 保龄球	场地 奖品	提供游戏条件 鼓励游戏兴趣

5～6岁

主要材料			辅助材料	
品　种	作　用	玩具举例	品　种	作　用
拼图： 平面拼图 立体拼图	观察画面边缘特征和形状特征，寻找之间的联系 发展方位知觉 培养做事认真，精力集中的品质	100～200块的拼图 拆装组合玩具（木制恐龙、拆装小球）	筐、盒、袋 托放拼图的底板或底盒	便于幼儿收放整理玩具 能运用不同的方法，迅速拼摆出不同块数的拼图 发展幼儿观察、选择的灵敏性

（续）

主要材料			辅助材料	
品　种	作　用	玩具举例	品　种	作　用
观察推理玩具： 走迷宫 找相同与不同 找规律	培养观察力 促进认知和推理能力 培养动脑筋的习惯	迷宫图 找规律玩具 智力图书 自制迷宫图与立体迷宫玩具	环境及玩具柜 盛放玩具的器皿 操作台 成绩记录卡	便于幼儿选择活动 便于幼儿选择和收放玩具 便于操作 便于增进自我认识
守衡玩具： 固体守衡 液体守衡	感知物体的量 培养观察、判断能力	套桶、套娃、套盒 天平	粗细不同的容器（如高矮不同、粗细不同的瓶子）	便于幼儿动手操作，亲自感知、体验
棋： 掷色子棋 步法选择棋 玩具棋	使在轮流、等待、协商、交流状态下共同游戏 培养规则意识和竞争意识，发展思维的灵活性	抢红旗 象棋、军棋、跳棋、五子棋 华容道、魔方	棋桌、棋凳 盒、筐	为幼儿游戏提供空间 有利于幼儿收放整理玩具
牌： 接龙牌 记忆牌 运算牌	促进数、形概念的形成 训练记忆力 培养运算能力	吃面包 配对 数的合成	环境 多种层次的操作图例	提供玩牌的条件 引导自主学习
游艺： 物理类 电子类	发展幼儿的综合能力	小型沙狐球、投飞镖、保龄球	奖品	激发幼儿竞争意识

四、科学类

1. 科学类玩具与幼儿身心发展特点。

幼儿期是培养科学精神最重要的时期。孩子们天生就是科学家，他们好奇、好问，在内心积聚了一股力量，为了解周围世界万事万物的原因不懈地努力。幼小儿童最初对自然环境最关心，他们想知道天空为什么是蓝的？风是什么？为什么会下雨？之后，对声音传导、光的折射、摩擦生电、磁铁的力量产生迷惑不解。幼儿园科学游戏的主要目的是启发孩子对科学的兴趣，让他们感受到一些神奇的东西，在今后的生活中不断地去追寻。科学游戏也帮助幼儿对事物有看法，知道对事物如何进行思考。科学游戏还让幼儿体验到一些亲自操作、寻找自然解答、尊重事实等科学方法，养成喜欢质疑、争论要有证据的科学精神和诚实、勇于认错的科学品质。

科学游戏的玩具材料要保证安全和卫生，环境设置要有利于幼儿在实际操作中摆弄物体、发现问题、亲身体验和感知事物，因此，要有一定的活动空间。最好是将几张桌子拼放在区域中间，幼儿围坐四周进行活动。这样，活动材料不宜掉下来，尤其是方便幼儿之间的学习和交流。另外，游戏场所也是不固定的，应该随着活动需要而改变。例如，研究光线的反射就最好在阳台上玩，听声音的传播，可能需要两人拿着传声筒到互为较远的地方。

科学游戏的玩具材料是内容广泛的，除了现有的玩具和物质材料以外，下雨天雨滴打到地面的声音、光在水盆中的反射等等都可以成为科学游戏的观察探究内容。玩科学游戏要引导幼儿广泛获取信息，深入细致地观察所探究的事物其特征、发生的现象和记录实验结果，以形成初级的科学概念。要注意引导幼儿将获得的经验在生活中迁移、应用，还要让他们多接触现代科技产品和汲取音像中的科学信息。

2. 科学类玩具的投放功能与幼儿行为表现。

年龄班	投放功能	行为表现
3～4岁	喜欢探索、积极运用多种感官感知周围事物 对常见事物、现象及变化产生兴趣和探究的欲望	常常因为操作结果引发出探究行为 多从表面现象来推断事物变化的规律 不同的幼儿有不同的探索方式和兴趣点 经常变换操作材料 探究的随意性比较强，注意力容易转移，探索坚持时间短
4～5岁	对周围事物现象感兴趣，主动观察和探索周围常见事物、现象和变化的规律 能对身边的事物、现象大胆猜想和主动探究，并从中体验乐趣 积极主动与同伴交往、学习分享、谦让与合作	对周围事物现象感到好奇，喜欢问为什么 喜欢新鲜的事物，但持久性不强。对自然观察的认识和解释往往从主观意愿和个人感觉出发。喜欢表达自己的发现和想法 开始探究和发现事物之间的关系、变化，寻找原因。想象力丰富，爱幻想 急于见到探究成果，如常常将自己种植的种子挖出来看

（续）

年龄班	投放功能	行为表现
5～6岁	能积极、主动地进行探究活动，自觉关注周围事物和现象，主动提出相关问题 有意识地体验科学小实验的猜想、记录、验证等过程和方法，能积极尝试解决实验活动中遇到的问题 能够运用观察、推理和简单的统计、分析方法等，得出实验的结论 能大胆质疑实验过程中的现象和同伴的观点，逐步形成尊重事实的科学态度	能对有争论的问题提出自己的看法，具备了初步用语言或其他形式与其他小朋友分享经验的能力 喜欢探究事物，对探究活动过程及其结果感兴趣 想象力丰富，爱幻想 积累了初步进行科学小实验的经验和方法，如实验的步骤、记录的基本格式、对材料的使用、物品的整理等 能对有争论的问题提出自己的看法，具备了初步用语言或其他形式与其他小朋友分享经验的能力

3. 科学类玩具的配备。

3～4岁

主要材料			辅助材料	
品　种	作　用	玩具举例	品　种	作　用
声： 传声 回声 声控	辨别各种声音，探索发声与传声的现象 对熟悉的事物现象产生兴趣	传声玩具（电话、传声筒）、发声玩具（风铃、哗铃棒、捏气发响、敲击乐器）、回声玩具、声控玩具	海螺 纸杯、纸桶、废旧管子、石子、小铁片等	激发幼儿对声音的兴趣 自己学习制作发出声音的玩具
光： 直射 反射 折射	感知光的特性 激发好奇心和观察兴趣	聚散光(凹凸透镜)、放大镜、折返光（万花筒)、平面镜、哈哈镜	适宜观察光的环境 及时贴、投影仪	丰富游戏内容，做手影游戏，感受光的反射
热	感知热传递的特性 激发幼儿的好奇心	摩擦生热玩具（如热宝） 热传递玩具	操作台	便于幼儿安全操作

第二部分　分类

（续）

主要材料			辅助材料	
品　种	作　用	玩具举例	品　种	作　用
电： 静电 发电	初步感知生活中的科学现象 主动探索电动玩具的玩法	静电玩具（摩擦起电玩具—欢乐球、沾纸屑） 电动玩具（如小电工）	操作台 玻璃镜面	可以吸住欢乐球
磁： 相吸相斥 悬浮 摇摆	感知发现磁铁的特性 激发对磁铁的探究兴趣	磁性玩具（大块磁铁、磁力垂钓、磁性积塑）	接吻鱼、碰碰车、磁铁与各种小金属物	进行科学游戏，体验磁铁磁性
力： 重力 惯性 浮力 挤压 摩擦 震动	初步感知力的特性 激发幼儿的探究兴趣	重力玩具（跟头虫、回力车、不倒翁、滑动车、沙水车），惯性玩具（惯性车）、浮力玩具（沉浮玩具）、发条玩具（车、船、飞机等）	各种光滑、粗糙、平坦的汽车跑道 木板、纸板、塑料板 纸飞机、风车	通过体验不同跑道上汽车的快慢，了解阻力 便于幼儿进行科学小实验 玩简单的纸玩具感受力

4～5 岁

主要材料			辅助材料	
品　种	作　用	玩具举例	品　种	作　用
声： 传声 回声 声控	了解声音产生的原因 了解不同声音的作用	传声玩具（电话、传声筒、对讲机）、发声玩具（风铃、哗铃棒、捏气发响、拉哨、编钟）、回声玩具、声控玩具	纸杯、线绳、粗细材质各异的弦、不同材质厚度的鼓面、橡皮筋、风铃（木、铝、铜、玻璃）、麦克风	便于幼儿自制玩具，进行科学小实验
光： 直射 反射 折射	感知光的特性，了解光的作用 激发探究和观察兴趣	聚散光（凹凸透镜、三棱镜、门镜）折返光（万花筒、平面镜、哈哈镜、折镜）	彩色玻璃纸、墨镜、手影游戏、手电	便于幼儿自制玩具，进行科学小实验

（续）

主要材料			辅助材料	
品　种	作　用	玩具举例	品　种	作　用
电： 静电 发电	感知生活中的科学现象 尝试电路的连接方法。知道电池的正负极	静电玩具（摩擦起电玩具、欢乐球）、摩擦棒及操作材料 电动玩具、简单的电路玩具（电池）	皮毛、塑料材质的棒尺、梳子、电池、电线、灯泡、手电	便于幼儿通过实验感受摩擦起电，体验成功的乐趣
磁： 相吸相斥 悬浮 摇摆	感知发现磁铁的特性。获得利用磁铁的经验 激发对磁铁的探究兴趣	磁性玩具、磁性滑动玩具、磁飞镖	回形针、铁砂、小的铁制品	便于幼儿自制玩具，进行科学小实验，体验不同大小的磁力
热： 气温 光热	感受水的三态变化特性并获得玩水经验 探索物体在光照下温度的变化	水的三态变化 传热玩具		便于幼儿操作实验水的变化
力： 重力 惯性 浮力 挤压 摩擦 震动	感知力的特性 探索影响重力变化的原因	液体计时器、沙漏玩具 平衡玩具 沉浮玩具 挤压发声玩具 玩具滑道 震动玩具	木板（不同材料的表面）、跟头虫 滚珠玩具 皮筋、线轴、弹簧娃娃 各种质地的小盒	便于自制玩具，进行科学小实验 感受弹力、阻力 感受敲击不同质地小盒时产生的力量和发出的声音
空气： 气体 风	了解空气及其流动产生风的现象 感知空气的存在与功用 激发探索空气的兴趣	气球 降落伞、风筝、风速仪、纸小风车	制作兜风玩具的材料 塑料袋	通过制作活动加深对风的了解

（续）

主要材料			辅助材料	
品　种	作　用	玩具举例	品　种	作　用
天文： 星空 气候	进一步观察宇宙的变化	天文望远镜、图片（月亮的变化、四季星座）	观察记录册	将记录结果做观察比较
化学： 溶解 改变	观察发现影响物质变化的因素 激发科学探索的欲望 丰富科学知识，大胆进行尝试	神奇的字 溶解实验	柠檬汁、毛笔、调色盘、纯水 制作饮料 调色盘、广告色、小勺	体验成功的快乐 感知两种颜色混合后的变化

5～6 岁

主要材料			辅助材料	
品　种	作　用	玩具举例	品　种	作　用
声： 传声 回声 声控	体验身边各种不同的声音 探索不同材料对发声与传声的影响 获得有关声音传播的感性经验	传声玩具（电话、传声筒、对讲机）、发声玩具（风铃、哗铃棒、捏气发响、敲击乐器、发声乐器、拉哨、编钟）、回声玩具、声控玩具	纸杯、线绳、粗细材质各异的弦、不同材质厚度的鼓面、橡皮筋、风铃（木、铝、铜、贝壳、玻璃） 自制乐器（装水的玻璃瓶）	运用简单的知识、经验自制玩具，体验成功的乐趣 引导幼儿感知瓶装乐器的声音
光： 直射 反射 折射	感知光的多种特性 培养幼儿对事物观察、分析和比较的能力 培养幼儿探索操作的能力	聚散光（凹凸透镜、放大镜、显微镜、门镜）、折返光（万花筒）、平面镜、哈哈镜、潜望镜、单向玻璃（五官检查镜）	彩色玻璃纸 手电 投影仪 看皮影戏布景	了解光透过彩色透明物体的作用 提供光源放大观察效果，玩扮演活动

（续）

主要材料			辅助材料	
品　种	作　用	玩具举例	品　种	作　用
电： 静电 发电	发现生活中的科学现象 探索电池和电路的各种连接方法	静电玩具（摩擦起电玩具、欢乐球） 电动玩具（遥控汽车）、电路玩具	皮毛、塑料材质的棒尺、电池、电线、灯泡	便于幼儿操作实验
磁： 相吸相斥 悬浮 摇摆	激发对磁铁的探究兴趣 感知发现磁铁特性，获得使用磁铁的经验 将知识迁移到生活中解决问题	磁铁：正负极磁铁 马蹄磁铁 磁性玩具：磁性滑动玩具 磁飞镖 磁接玩具	回形针 铁砂 小的铁制品	自己动手制作磁力玩具
热： 蒸汽 光热	探索水的三态变化，了解相互转化的条件 了解水与人类的关系，激发对周围自然现象探究的兴趣	水的三态变化 水的玩具	酒精灯 试管 量杯 打火机	便于幼儿操作实验、观察水的变化
力： 重力 惯性 浮力 挤压 摩擦 震动	进一步感知力的特性 感知和探究物体的运动及作用力之间的关系	重力玩具（液体计时器、沙漏玩具）、轨道车、惯性玩具、浮力玩具、挤压力玩具、传动玩具（齿轮传动）	木板（不同材料的表面）、跟头虫 滚珠玩具，不同斜度的滑坡 皮筋、线轴 降落伞	感受阻力 感受惯性 感受弹力 感受空气阻力
化学： 溶解 改变	观察并发现影响物质变化的因素 激发探索科学的欲望 丰富科学知识，进行大胆尝试	简单去锈、巧去墨渍、去除油渍	调色板、塑料杯、醋、酱油、盐、小苏打 能溶解的物体：糖、盐、果珍等 火山爆发	体验去锈等游戏的乐趣 体验溶解游戏的乐趣 通过化学实验感受火山爆发情景

（续）

主要材料			辅助材料	
品　种	作　用	玩具举例	品　种	作　用
天文： 星空 气候	进一步观察宇宙的变化	天文望远镜、图片（月亮的变化、四季星座）	观察记录册	认识和感受月亮的变化
空气： 气体 风	了解空气及其流动产生风的现象 感知空气的存在与功用 激发探索空气的兴趣	气球 降落伞、风筝、风速仪	兜风玩具 自制小风车的材料	发展探究能力

五、阅读类

1. 阅读类玩具与幼儿身心发展特点。

阅读是幼儿了解社会的一个窗口。通过阅读，幼儿可以感知画面、学习和理解故事、发展语言和词汇、体会文学作品的艺术魅力，获得文化上的精神享受。幼儿的阅读不同于成人，他们往往不是安安静静地看书，而是喜欢自言自语或与同伴相互交流。

阅读区应该设在采光良好的地方。书架上的图书要分类摆放，还可以有儿童自带图书、自制图书的摆放处，以增加他们在知识方面的交流。数量充足、品种适宜的图书、画册是阅读区的主要材料。由于幼儿具有好模仿、爱幻想和具体形象思维的特点，一些手偶、讲述玩具的提供也很受幼儿的欢迎。此外，还可以配备电子视听设备，如录音机、磁带、电脑、光盘、耳脉等辅助阅读设施。

阅读活动可以和娃娃家的角色扮演相结合，也可以在表演区发挥作用。如边听故事，边做道具，共同表演。还可以自成一个角色区，扮演书店、图书馆或者小学校的游戏。

2. 阅读类玩具的使用功能与幼儿行为表现。

年龄班	投放功能	行为表现
2～3岁	感知画面，发展视觉 引导幼儿听图书里的故事，引发对图书的兴趣 引导幼儿爱护图书。在老师的帮助下，学习一页一页地翻看图书	喜欢听老师讲述图书中的故事，对讲过的图书感兴趣，喜欢重复故事情节 喜欢重复翻看图书的动作，小肌肉动作不协调，容易损坏图书 能指认书中熟悉的事物 喜欢画面大、形象突出、色彩鲜艳的图书
3～4岁	观察理解画面，培养对儿童文学作品的喜爱 学习一页一页地翻看图书 初步培养爱护图书的习惯	喜欢一遍又一遍听故事，重复故事情节 喜欢用手指认图画，往往能发现成人看不到的细节，喜欢就画面进行提问 愿意以动作解释故事中发生的事件。愿意猜想情节的发展与故事的结果，并能对故事情节稍加改编 小肌肉动作不协调，图书易被损坏 逐渐体现出性别差异和个体差异，如男孩子喜欢科学认知类故事，女孩子喜欢童话故事
4～5岁	培养阅读兴趣，发展语言表达能力 通过画面看懂作品中的主要情节和内容 学习复述、续编、仿编和创编故事，并能从中体会到乐趣 能有顺序地收放图书 知道爱惜图书	对新书有强烈的阅读愿望，也喜欢听别人讲故事 不能仔细阅读图书，经常匆忙地翻完一本书就赶快去换另一本书。当被询问书的内容时，往往只能说出少部分内容，而不能描述出故事的梗概 经常有两个甚至几个孩子因为同时看一本书而发生争吵 开始喜欢与他人一起看书，如二三个人边看边说 阅读容易受其他幼儿的干扰 喜欢声像类图书，对电子图书有着浓厚的兴趣。有初步的操作电脑和录音设备的能力

（续）

年龄班	投放功能	行为表现
5～6岁	阅读更多的故事，复述或用自己的语言讲述内容 利用所学知识仿编、创编儿歌，创造性地进行讲述 参与听、说、读、写的练习，在活动中获得积极的情感体验 根据需要选择图书，有目的地丰富知识经验，发展获取信息的能力 培养良好的阅读方法和习惯，为升入小学做好学前准备	阅读兴趣从童话书逐渐转移到工具书、智力训练书和百科类图书，但理解能力和使用工具书的能力不足 同伴间共同阅读时，常会因为对作品内容的理解和看法不同而产生矛盾冲突 阅读过程中往往过于关注细节，而忽视对整体内容的把握 语言表达能力逐渐发展，愿意围绕一个主题进行交流 能从一定的兴趣需要出发，在阅读区中学习、识别简单汉字，尝试理解其基本含义，并能在生活中加以运用

3. 阅读类玩具的配备。

2～3岁

主要材料			辅助材料	
品　种	作　用	玩具举例	品　种	作　用
图书： 画报 故事书 工具书	引发幼儿阅读活动，使情绪愉快 培养幼儿阅读兴趣 发展感知能力	婴儿画报 立体图书、声响图书、香味图书、卡通图书 认识自我、认识常见物品、认识家庭成员	书架、标记 塑胶拼板、地毯、靠垫 宠物玩具	使图书可以整齐地分类摆放，便于幼儿取放玩具 提供舒适的阅读环境 增添阅读情趣
卡片： 识图类	便于观察和操作	水果、动物、交通工具、生活用品的卡片	录音故事卡片	增加幼儿的活动兴趣，帮助幼儿理解故事内容
讲述玩具： 指偶 模型玩具 服装道具	引发积极的语言活动 在直观动作帮助下提高阅读兴趣	指偶、手偶 人物、动物、植物、车辆、房屋等模型玩具	讲述背景 木偶台 头饰	创设语言情景，激发讲述兴趣 引导幼儿边操作边讲述

3～4 岁

主要材料			辅助材料	
品　种	作　用	玩具举例	品　种	作　用
图书： 画报 故事书 工具书	引发幼儿对图书的兴趣 促进幼儿对画面和故事情节的理解，用自己喜欢的方式表达 培养幼儿一页一页看书的习惯	幼儿画报 童话故事书 认识自我，认识常见物品，认识社会角色	书架、标记 塑胶拼板、地毯、靠垫 宠物玩具	有秩序地放置图书 惬意地看书 增添阅读情趣
卡片： 识字类 识图类	便于观察和操作	常见的物品、认识自我、社会角色、图画、儿童游戏等内容的卡片	卡片盒 自制新闻卡片	便于收放玩具 发展幼儿的语言表达能力和观察能力
讲述玩具： 指偶 模型玩具 服装道具	发展幼儿的语言表达能力和表现能力	讲述机、讲述板、模型玩具（人物、动物、植物、车辆、房屋等）	录音机、故事磁带 木偶台、宠物、手指偶	学习讲述内容 进行讲述游戏

4～5 岁

主要材料			辅助材料	
品　种	作　用	玩具举例	品　种	作　用
图书： 画报 故事书 工具书	激发幼儿言语交流，增进交往，培养良好的阅读、讲述、倾听的习惯 从图书、电视、电脑等多种途径获取信息，并获得快乐	故事书、工具书（常见的动物、植物、交通工具） 故事书、工具书，常见的动物、植物、交通工具	书架、桌椅 录音机、磁带、电脑、光盘 自制图书的工具材料	为阅读提供适宜的环境 丰富阅读内容，促进自主学习 在实际操作中强化图书的概念

（续）

主要材料			辅助材料	
品　种	作　用	玩具举例	品　种	作　用
卡片： 故事连环卡片 儿歌卡	使用方便，便于幼儿操作	交通规则、自我保护、城市建筑、社会生活场景、儿童游戏照片	盒 废图书	便于幼儿收放玩具 自制卡片
讲述玩具： 毛绒（塑料）手偶 故事大拼图	结实耐用	讲述机、讲述板、幻灯片、学习机、模型玩具 拼图讲述	录音机、故事磁带、电视机、录像带、手指偶、黑板、电脑、粉笔 废旧图书、各色纸、胶棒	丰富幼儿游戏情节，提高讲述兴趣 帮助幼儿理解内容 鼓励孩子自由创编讲述

5～6岁

主要材料			辅助材料	
品　种	作　用	玩具举例	品　种	作　用
图书： 故事类 知识类 工具类	扩大关于文学作品的知识和科学常识 培养幼儿读写能力和讲述能力 培养想象力和创造力	《龟兔赛跑》等带有挂图的配套图书 《小雨滴去旅行》等科学知识类图书 《动物》、《植物》等百科分类图书	带标签的书架 桌椅、黑板 自制图书的工具、材料和范例（如封面、封底、数字页码）	便于分类取放图书 提供良好的学习条件 激发幼儿主动学习
卡片： 生活类 动、植物类	使用方便、直观、形象 贴近幼儿生活 便于幼儿操作	交通规则、自我保护、城市建筑、社会生活场景、儿童游戏照片，常见标志	盒 废图书	便于幼儿收放玩具 自制需要卡片

美艺类玩具

一、绘画类

1. 绘画类玩具与幼儿身心发展特点。

绘画是幼儿表达思想与行为的第二种语言。幼儿用美的方式反映着他们的情感世界，同时把个人的观察力、记忆力、想象力、创造力都综合地融会于作品之中。因此，幼儿的创作不一定是他们亲眼看见的，而往往是在心里想到的或曾经听过的。

幼儿最初的绘画语言是通过线条来表现的。二三岁的幼儿处于涂鸦期，他们对绘画动作的兴趣大于绘画表现。由于小肌肉动作的不协调，他们画在纸上的是一些凌乱的线条，有时还会把线画到纸张外。在涂鸦过程中，幼儿看到一张白纸新奇地出现了痕迹，动作上体验到乐趣，视觉上受到刺激产生快感。小班的幼儿可以用线条组合成画面的每一个部分，又通过线条使事物在视觉上有了一定的联系。稍大一点进入象征期的孩子，开始产生出强烈的表现欲，并对形状有了初步的认识和理解，已经能够按自己的意愿用夸张、拟人的表现手法表现一些自己喜欢的事物。他们手眼动作能够协调一致，把线条上下、左右地画在纸上，并且可以根据自己的想象喃喃自语地做出各种表情说明画面内容，但画纸上反映的只是一些似是而非的图像，只能用线条把最简单的图形有些类似地勾勒出来。大班幼儿的绘画开始进入图形概括期，能够完整描画出自然界或社会的某些现象，表现出两个以上物体之间的关系，组成内容较为丰富的画面。同时从对线条的单一认识过渡到对面和色彩的明显兴趣，画面有了空间感也注意到物体比例的相对平衡，并且喜欢表现事物的内部特征。在幼儿眼里，一切事物都是透明的。

2. 绘画类玩具的投放功能与幼儿行为表现。

年龄班	投放功能	行为表现
2～3岁	通过操作工具和材料的动作使画面带来变化，宣泄情感，感受快乐 养成在指定的环境中大胆表现的习惯 初步学习收放工具材料	随意地涂涂画画 无目的、无意识的肌肉运动
3～4岁	学习使用几种绘画工具材料，大胆表现自己的情感体验 在随意涂画中找到相应的事物，并鼓励幼儿为其命名 在添画活动中表达自己对事物的初步认知 培养适宜的握笔和做画的姿势	从涂鸦过渡到以画圆形事物为主。再从一个圆到画多个圆，逐渐发展到正方形、长方形，逐渐发展到多个图形的组合等 由于绘画带来的线条变化，幼儿从开始无目的、无意识的肌肉活动，逐渐向喜欢涂涂画画的活动转变
4～5岁	观察生活中各种事物，从中获得美的体验，并作为绘画的表现题材 大胆使用自己创造的符号表现事物的突出特征 用喜欢的颜色表现对事物的认知和情感体验 在新材料的刺激下，表达自己新颖的想法 掌握适宜的握笔姿势和坐姿。自主收放工具材料	能抓住事物的主要特征，会创造图示符号记录所感知的物体 随着知觉能力的发展，逐渐能够把握物体的结构特征，并愿意用绘画形式表现出来
5～6岁	选择多种材料描绘事物的细节，表现自己对事物的理解和想象 合理运用色彩、造型、构图等技能，使作品主题突出，富有感染力 培养自我服务能力，学会分类收放整理工具、材料，做好清洁工作	描绘事物向较为精细、具体形象方面过渡 想象创造力最为丰富的时期，喜欢表现现实生活以外的场景和事物 仍以直观性思维为主，将一切事物都看成是有生命的，不能摆脱主观和自我中心的状态

3. 绘画类玩具材料的配备。

2～3岁

主要材料			辅助材料	
品　种	作　用	玩具举例	品　种	作　用
水彩笔	颜色鲜艳，水量充足，容易抓握，便于幼儿涂抹	7种基本色水彩棒	图画纸、浅色的复印纸、带有各种具体形状的画纸（水果类、服装类等）、只需要添画的各种半成品	幼儿能清晰看到自己的笔迹，只需添画简单的点、线、面，就可以完成一幅作品。让幼儿更快更直接地体会到成就感
棉签	操作简单，提高绘画活动的趣味性	大棉签 棉棒 海绵棒	颜料、彩色墨水、大些的图画纸	幼儿可大胆地随意进行涂抹
各种大的纸张	满足幼儿大肌肉动作的操作需求，使幼儿不受限制地进行绘画活动，感受笔在不同纸上产生的不同效果	大白纸 报纸 草稿纸 彩色卡纸	异型打孔机、花边剪刀	帮助幼儿修饰整理作品的外部形状，提高幼儿的绘画兴趣
水溶性颜料	色彩饱和度高，便于幼儿认识和感受，操作简单方便	指绘胶 水粉颜料	棉棒、海绵棒、水粉笔	吸水性强，操作简单，是使用颜料必备工具

3～4岁

主要材料			辅助材料	
品　种	作　用	玩具举例	品　种	作　用
水彩笔	线条流畅、色彩丰富，便于表现各种线条的造型	12色水彩笔	图画纸及老师剪好的各种形状的纸，如手套、围巾、花瓶、盘子等	幼儿可随意表达自己的想法，也可以根据老师提供的图形进行线条的装饰

（续）

主要材料			辅助材料	
品　种	作　用	玩具举例	品　种	作　用
印章笔	提高绘画活动的趣味性，简单易操作，可以装饰画面	各种图案的印章笔、木制印章、印轮	半成品贺卡，花边剪刀，各种孩子喜欢的图片	帮助幼儿初步了解印章的装饰作用
油画棒	锻炼幼儿小肌肉的控制能力和力量，适用于小面积的涂色	油画棒	图画纸、老师剪好的各种形状的纸	便于幼儿涂抹，了解油画棒与水彩笔的不同
软头笔	易吸收颜料，能画出较粗的线条，适合大面积涂色	毛笔 绘画笔	颜料、水粉纸、水彩纸、黑卡纸及用这些纸剪好的各种造型	防止幼儿掌握不好水分的多少及力度把纸画破，同时感受软头笔与硬笔在与纸张接触时的不同感觉
图画纸	适用于各种笔的操作，幼儿可以很直接地看到作品的效果	大白纸 水粉纸 报纸	水彩笔、油画棒、棉签、海绵棒、花边剪刀	便于在图画纸上进行创作，并对自己的作品进行装饰
彩色纸	利用丰富的颜色，引起幼儿的绘画兴趣	彩色卡纸 彩色复印纸	胶棒、撕纸欣赏范例	通过撕贴做出各种简单的造型，锻炼幼儿小肌肉协调性
异型纸	直观具体的形象，便于幼儿添画进行装饰	可擦绘画纸、异型纸（如剪好的围巾、大碗主题压膜绘画纸等）	水彩笔、油画棒、棉签、海绵棒	便于在已有图形内进行点、线、面的装饰。加强对异型纸的装饰效果
水溶性颜料	颜色纯度高，容易融合在一起变化出新的颜色。帮助幼儿感受色彩变化所产生的美	指绘胶 水粉 水彩	棉棒、海绵棒、水粉笔、颜料、水粉纸、水彩纸、黑卡纸及用这些纸剪好的各种造型 玩颜色玩具	能更好体现出颜料的特性，让幼儿有更多的选择机会，更好地表现自己的作品

（续）

主要材料			辅助材料	
品　种	作　用	玩具举例	品　种	作　用
剪刀	帮助幼儿对作品进行最后的装饰和美化	花边剪刀 异型打孔机	彩色复印纸、手揉纸、卡纸	可以帮助幼儿剪出自己喜欢的图形，制作粘贴画

4～5 岁

主要材料			辅助材料	
品　种	作　用	玩具举例	品　种	作　用
水彩笔	描绘事物的轮廓，对画面进行线的装饰，适合小面积的涂色	12色水彩笔 粗杆水彩笔 细杆水彩笔	图画纸、浅色复印纸及老师剪好的各种形状的纸	满足幼儿大手笔、创造性地表达表现对线条的感受
油画棒	锻炼幼儿小肌肉的控制能力，颜色厚重，适合均匀涂色	油画棒	图画纸、黑卡纸、水粉纸	感受油画棒在不同纸上表现出的不同肌理效果
装饰笔	装饰性较强，笔头较细，适合对画面局部进行细致的线条装饰，表现画面所要表达的不同质感	彩色铅笔 彩色珠光笔 荧光笔 贺卡笔	贺卡半成品、彩色卡纸、各种小图片、胶棒、双面胶	感受各种装饰笔的不同装饰效果。根据喜好装饰自己的作品
记号笔	线条清晰，不易与其他颜色混色，适合勾边或画轮廓线	粗细记号笔	各种纸张、画好的轮廓不清晰的作品	突出记号笔描绘轮廓线的作用
软头笔	触感较好，与颜料和纸张都有较好的亲和力，能表现出不同的质感，适合大面积涂色和绘制装饰画	毛笔 水粉笔	颜料、水粉纸、水彩纸、黑卡纸及用这些纸剪好的各种造型；陶罐、涮笔筒、围裙、套袖、调色盘	充分体现软头笔与其他绘画工具的不同，培养幼儿的卫生习惯

（续）

主要材料			辅助材料	
品 种	作 用	玩具举例	品 种	作 用
粉笔	便于幼儿在户外进行绘画创作活动	粉笔	黑板、抹布	体会粉笔的可擦涂性
图画纸	适用于各种彩色笔的操作，幼儿可以很直接地看到作品的效果	大白纸 水粉纸 水彩纸	水彩笔、油画棒、棉签、海绵棒、花边剪刀、软头笔	便于在图画纸上进行创作，并对自己的作品进行装饰
彩色纸	帮助幼儿感受各种画笔在不同纸张上产生的不同效果。为幼儿的自主性绘画提供更多的选择	彩色卡纸 彩色复印纸 黑卡纸	各种装饰笔、花边剪刀、异型打孔机、胶棒	提高趣味性，加强装饰性
特殊纸张	为幼儿提供多种材料的尝试，感受不同材料的特殊质感，帮助幼儿表现出更丰富的绘画作品	砂纸 刮画纸 手揉纸 宣纸 可擦绘画纸	油画棒、牙签、装饰笔、软头笔、颜料、墨水	体会不同绘画方法的乐趣
水溶性颜料	颜色纯度高，容易融合在一起变化出新的颜色。有利于帮助幼儿感受色彩的变化所产生的美。适合大面积染色和进行创作画	水粉 水彩 国画颜料	棉棒、海绵棒、水粉笔、颜料、水粉纸、水彩纸、黑卡纸及用这些纸剪好的各种造型；陶罐 玩颜色玩具	能更好地体现出颜料的特性，让幼儿有更多的选择机会，更好地表现自己的作品
裁边工具	帮助幼儿对作品进行最后的装饰和美化	剪刀、花边剪刀、异型打孔机	幼儿已完成的各种作品、各种彩色纸	幼儿可随意进行最后装饰

5～6岁

主要材料			辅助材料	
品　种	作　用	玩具举例	品　种	作　用
水彩笔	描绘事物的轮廓，对画面进行线的装饰，适合小面积的涂色	18色水彩笔 粗杆水彩笔 细杆水彩笔	纸盘、面具，各种立体造型（纸筒、纸杯），各种纸张	创造出水彩笔的多种装饰效果
油画棒	锻炼幼儿小肌肉的控制能力，颜色厚重，适合均匀涂色，可以尝试各种肌理的不同画法	油画棒	图画纸、黑卡纸、水粉纸、砂纸	感受油画棒在不同纸上表现出的不同肌理效果
装饰笔	装饰性较强，笔头较细，适合对画面局部进行细致的线条装饰，表现画面所要表达的不同质感。利于幼儿表达自己独特的想象与创造	黑白铅笔 彩色铅笔 彩色珠光笔 荧光笔 细杆金银笔 签字笔	各种纸张，各种立体造型，各种可提供写生用的物品（蔬菜、服装等）	便于幼儿感受各种装饰笔在不同纸张上表现出的不同装饰性
记号笔	线条清晰，不易与其他颜色混色，适合勾边或轮廓线	粗细记号笔 粗杆金银笔	各种纸张，画好的轮廓不清晰的作品	突出记号笔描绘轮廓线的作用
软头笔	触感较好，与颜料和纸张都有较好的亲和力，能表现出不同的质感，适合大面积涂色、绘制装饰画和油水分离画	毛笔 水粉笔 油画笔 海绵头笔	颜料、水粉纸、水彩纸、黑卡纸及用这些纸剪好的各种造型、陶罐、葫芦瓢、画布	充分体现软头笔与其他绘画工具的不同，在固定的物体上进行装饰和绘画
粉笔	便于幼儿在户外进行绘画创作活动	粉笔	黑板、抹布	体会粉笔的可擦涂性

（续）

主要材料			辅助材料	
品　种	作　用	玩具举例	品　种	作　用
图画纸	适用于各种彩色笔的操作，幼儿可以很直接地看到作品的效果	图画纸 水粉纸 水彩纸	水彩笔、油画棒、棉签、海绵棒、花边剪刀、软头笔、装饰笔	便于在图画纸上进行创作，并对自己的作品进行装饰
彩色纸	帮助幼儿感受纸的不同质地与各种画笔在不同纸张上产生的不同效果。为幼儿的自主性绘画提供更多的选择	彩色卡纸 彩色复印纸 黑卡纸	各种装饰笔、花边剪刀、异型打孔机、胶棒	对彩色纸进行设计和装饰
特殊纸张	为幼儿提供多种材料的尝试，感受不同材料的特殊质感，帮助幼儿表现出更丰富的绘画作品	宣纸、刮画纸、吹塑纸、砂纸、手揉纸、油画纸	油画棒、牙签、装饰笔、软头笔、颜料、墨水、油印	体会不同绘画方法的乐趣
异型纸	直观具体的外形，便于幼儿添画并进行细致的描绘和装饰	异型纸（如剪好的瓦罐、花瓶等）	各种纸张、剪刀、花边剪刀、异型打孔机	幼儿可自己设计喜欢的造型
画布	感受在不同于纸的材料上进行创作，体会绘画的多种可能性，激发幼儿的创作灵感	亚麻布 的确良布 白色棉布 大白背心 油画布	油画颜料、丙烯颜料、软头笔，可供幼儿参考的范例	颜色鲜艳、不易被洗掉，适合在布上绘画用
水溶性颜料	颜色纯度高，容易融合在一起变出新的颜色。有利于帮助幼儿感受色彩变化的美。适合大面积染色和创作	水粉 水彩 彩墨 丙烯	喷水器、棉棒、海绵棒、水粉笔、颜料、水粉纸、水彩纸、黑卡纸及用这些纸剪好的各种造型，陶罐、葫芦瓢	能更好体现出颜料的特性，便于幼儿搞创作

（续）

主要材料			辅助材料	
品　种	作　用	玩具举例	品　种	作　用
油画颜料	颜色厚重且覆盖力强，能表现不同的质感和肌理。适合大手笔的创作活动	油画颜料	油画纸、油画笔、油画布，可供幼儿欣赏的范例	利用孩子不常用的材料激发幼儿的创作欲望，提高审美能力
工具	为展示作品增加作品的美感	图钉、胶带、剪刀		

二、民俗艺术类

1. 民俗艺术类玩具材料与幼儿身心发展特点。

风筝、陶艺、面具等民俗艺术类作品，是幼儿生活中能够感知到的事物。民俗艺术作品无论其造型，还是色彩与图案，都蕴涵着民族文化的精神与魅力，强烈地感染幼儿产生参与美化和动手制作的愿望。

在尝试对民俗艺术作品进行制作、美化、玩耍的过程中，由于其材料和成品的立体性，色彩的特殊性直接丰富了幼儿的空间知觉和视觉感受。2～4 岁幼儿，视觉敏锐度处于发展阶段，鲜艳的色彩更易引起低龄幼儿的注意和兴趣。红绿两色是民俗艺术类作品的主要色彩，也是这个年龄段幼儿最早认知的颜色，强烈而简单的色彩对比所造成的视觉冲击，更好地刺激了其视神经的发展。但由于小肌肉发展得不够完善，所以这个年龄段的幼儿不适于进行立体手工制作类活动，给他们欣赏的作品，也应多以平面的、色彩鲜艳、图案简单的内容为主。4～5 岁的幼儿具有强烈的好奇心和求知欲，双手动作发展的复杂多样，不论在速度、稳定性或双手协调等方面都明显增进。民俗艺术类作品的色彩、造型和材料使用的独特性，都极大程度地吸引了他们的注意力，为幼儿提供更多动手创作的空间。所以泥塑、编织、印染、绘制陶罐、脸谱、葫芦等，更适合这个年龄段的幼儿。5～6 岁幼儿已形成初步的空间知觉，简单的平面作品制作及欣赏，已不能满足他们的审美需求。在线条和色彩的运用上，也更加熟练和有想法。在动作技巧方面，也具备了手眼协调、并从事较精细的活动的能力。民俗艺术作品所特有的立体造型，在制作过程中，能够全面、协调地锻炼幼儿小肌肉的细致动作和控制能力，感受到事物的对称、色彩的对比与和谐搭配以及功能完备等多方面要素。在发挥幼儿想象力和创造美的能力的同时，由于很多制作活动需要合作才能够完成，幼儿就需要互相协商，团结协作，优势互补，体验分享成功的快乐。所以具有民间特色的线条装饰、编织、刺绣、软雕塑类的活动更适合他们。

2. 民俗艺术类玩具材料的投放功能与幼儿行为表现。

年龄班	投放功能	行为表现
3～4岁	在简单的装饰活动中产生并体验其中的美感 动手装饰美化生活用品和生活环境	能够感受到工艺品的色彩和样式的美，根据自己对颜色的喜好进行简单的装饰和造型 无目的地操作材料，从结果中感受作品的美
4～5岁	在活动中锻炼手的精细动作和协调能力 根据自己的经验和兴趣，大胆尝试运用多种方法进行制作	会因为工艺品中对称的图案、材料质地的漂亮而感到美，产生模仿的愿望 有一定的观察能力，能够发现作品的主要突出的特点
5～6岁	发现工艺品的制作规律，通过自己的设计制作表达美感 大胆构思，合理运用画、剪、贴、塑、染、编、绣等多种方式实现自己的想法	能够比较细致地进行装饰和制作，有自己设计作品和图案的愿望 思维的直观性和逻辑性都在发展，能发现一些设计规律

3. 民俗艺术类玩具材料的配备。

3～4岁

主要材料			辅助材料	
品　种	作　用	玩具举例	品　种	作　用
风筝	装饰花纹，感受图案、色彩的独特性	蝴蝶形状	艺术品展示 制作范例 绳	帮助悬挂
扎染	感受色彩的变化和色彩搭配的效果	水粉 餐巾纸 白布	调色盘 作品展示栏 展示台	方便染色
陶艺	感受泥的特性 知道形状可随着手的动作变化而变化	大黄泥 模具	垫板 分泥板	进行分泥和操作活动

第二部分　分类

（续）

主要材料			辅助材料	
品　种	作　用	玩具举例	品　种	作　用
面具	色彩装饰 增加艺术活动的兴趣	纸浆面具	大棉签 扁头毛笔	进行涂、染色

4～5 岁

主要材料			辅助材料	
品　种	作　用	玩具举例	品　种	作　用
风筝	装饰花纹 感受对称的形状和色彩的美丽	蝴蝶风筝 蜻蜓风筝 大鱼风筝	艺术品展示范例 绳	提供展示的空间 帮助放飞
扎染	感受色彩的变化和色彩搭配的效果	水粉 餐巾纸 白布	调色盘 作品展示栏 展示台	方便染色
陶泥	表现自己喜欢的常见事物	大黄泥 陶泥	展示台 垫板、分泥板 模具	展示作品 方便操作
软陶	制作简单的装饰物，感受不同色彩的变化	5～10 种颜色的彩色软陶	展示台 垫板、分泥板 线、小棍	展示作品 方便穿编制作好的饰物
面具	运用各种线与形或色彩装饰 培养审美感受力和表现力	纸浆面具	水彩笔 油画棒 扁头笔	进行线、形、色块的装饰
剪纸	剪出简单的造型和四瓣、六瓣等窗花	彩色工艺纸	剪刀、画好的纸样	了解剪窗花的方法

5～6岁

主要材料			辅助材料	
品　种	作　用	玩具举例	品　种	作　用
风筝	根据外形特点设计纹样，装饰花纹 产生美感体验	燕子风筝 蝴蝶风筝 蜻蜓风筝	艺术品展示 范例 竹签 吸管	提供展示的空间，帮助放飞
扎染	调色、感受色彩的变化和色彩搭配的效果	彩墨水、颜料、宣纸、白布	调色碗、锅、夹子、线绳，展示台	方便染色
陶泥	表现具有民俗工艺风格的事物	大黄泥、陶泥	展示台 垫板、分泥板 模具	展示欣赏的作品和幼儿的作品，方便操作
软陶	运用简单的制作手法，制作装饰物	多种颜色的彩色软陶	展示台、垫板、分泥板、线、小棍、铅笔、瓷砖板、微波炉	展示欣赏的作品和幼儿的作品，方便将制作好的饰物进行穿编
面具	选择、运用多种材料在面具的里面或外围进行装饰	纸浆面具 葫芦瓢	水彩笔、油画棒、扁头毛笔、羽毛、亮片、彩色卡纸	进行线、形、色块的装饰
剪纸	掌握剪纸与绘画的不同表现方法，用剪刀表达对事物的认识和美感体验	彩色工艺纸 尖头小剪刀	展板、纹样	展示作品 了解多种纹样的设计
脸谱	运用对称或突出特征的方法表现熟悉的人物	西游记脸谱坯子 京剧脸谱坯子	金、银色记号笔、水粉颜料、毛笔、亮片等	描绘人物特征

三、手工制作类

1. 手工制作类玩具与幼儿身心发展特点。

手工制作类的游戏材料多为生活中的废旧物品，因为材料随处可得，又能促进幼儿动手能力和空间知觉、形象知觉及想象力的发展，很适合幼儿园开展这样的活动。幼儿对手工活动的愿望常常因游戏或其他活动中的需求而引起，有时会因见到可利用的废旧物材料而产生联想，引起制作手工玩具的兴趣。教师可以利用这些特点有目的投放材料，或者在游戏中对幼儿提出挑战性的任务，都有利于调动幼儿参与手工制作活动的积极性。

幼儿在设计、制作手工作品的过程中，对自己所要表达的事物投入了大胆设计，移情、想象甚至幻想的心理历程。如果可选择的材料丰富多样，又适合幼儿的动手能力，或者可以得到教师的适当帮助，幼儿最终设计完成的作品就是他们心目中最好的、最实用的玩具。幼儿制作手工玩具的过程需要多方面技能的综合能力，包括选择所需要的材料和采用一定的加工制作方法。例如绘画、粘贴、折剪纸、塑形等等。这样，在不同的年龄班就要针对幼儿的动手能力提供不同的制作材料，还要考虑游戏的指导重点。小班幼儿处于具体形象思维阶段，他们不会根据自己的需要进行材料的选择和创作，常以手边现有的材料进行简单的添加和变化，形成新的物象。所以我们应该给他们提供具体、规则形状的辅助材料，并准备好各种图形、颜色的彩色卡纸。幼儿只需要简单粘贴就可以完成他们的作品。这样更有利于帮助幼儿建立良好的自信心，并随时体会成功喜悦。中班幼儿喜欢探索和尝试，对任何事情都很感兴趣。我们可以利用丰富的手工材料，激发他们尝试表现的欲望。调动幼儿动手活动的兴趣和促进小肌肉动作的发展为主，鼓励幼儿大胆创造并在创造过程中发展技能。大班幼儿已具有发散性思维，他们喜欢对某一事物产生不同的联想，任何材料都可以变成他们制作中所需的替代品，材料越丰富他们的想象力也就越丰富。这个年龄的幼儿动手及解决问题的能力都有所提高，他们会在制作过程中想办法解决遇到的困难。所以这个年龄段的幼儿需要提供更多的材料和废旧物品，以及连接用的各种材料，如铁丝、双面胶、乳胶等。这些物品可以由孩子、老师和家长一起来搜集。还可以引导幼儿围绕主题兴趣和较广泛的题材进行合作性的分工制作，并培养他们耐心细致的品质。

2. 手工制作类玩具的投放功能与幼儿行为表现。

年龄班	投放功能	行为表现
2～3岁	初步尝试制作的乐趣 锻炼小肌肉的灵活性	学习使用简单的工具和材料 在重复动作中体验快乐
3～4岁	丰富生活内容，锻炼小肌肉的灵活性 美化自己的生活，体验一些材料的用途	会因为动作和使用工具，或从材料到作品的变化中体会到制作的快乐 制作的目的不明确，但会因为无意的结果强化制作的目的

（续）

年龄班	投放功能	行为表现
4～5岁	借助材料和工具表现自己对生活中事物的认识 美化自己的生活，表达自己的美好心愿	会使用和借助材料、工具进行制作，表达自己的心愿 会使用一些制作的手法表现自己对事物的认知
5～6岁	大胆构思，综合运用多种材料、工具和表现手法实现自己的构想 巧妙利用废旧物品，装饰生活用品和美化环境	能够选择适宜的材料，进行比较细致的制作和装饰，在活动中有美的体验 喜欢借助各种工具和材料，表现事物的情节

3. 手工制作类玩具的配备。

2～3岁

主要材料				辅助材料	
品种		作用	玩具举例	品种	作用
纸工	折纸	通过简单的折、压，感受纸的可塑性	小猪、小狗、小猫头	作品袋 作品展示栏	用于保存幼儿的平面作品 向家长和幼儿的同伴展示作品
	撕贴	通过将纸撕成各种图案、或随意撕碎,发展手部小肌肉的灵活性	打好针孔的水果轮廓图		
泥工	彩泥	色彩丰富、鲜艳,质地柔软,便于塑型	培乐多彩泥	泥工板、模具、工具	便于幼儿塑造形象
废物制作	纸制品	便于塑造动物的身体、头等造型,可进行粘贴、剪、折等不同的创作	纸杯制小猪	剪好各部位形象的彩色及时贴 操作台	为幼儿制作提供方便，体验成功的快乐
自然物制作	水果	可利用水果本身的颜色、形状进行随意创作	水果娃娃	用及时贴剪好的五官形象	

3～4岁

主要材料				辅助材料	
品　种		作　用	玩具举例	品　种	作　用
纸工	折纸	锻炼小肌肉的协调性 发展初步的空间知觉	软性的手工纸	范例 步骤图	协助作品的完成
	撕贴	锻炼小肌肉的协调性及控制能力	挂历纸 广告纸等	范例 有背景图案的画 作品展示栏 展示台 胶水	引起兴趣 降低操作难度 容易出成果
	剪贴	练习使用剪刀，发展小肌肉的灵活协调能力	画好图案的白纸或彩纸，剪刀，花纹剪刀		增加兴趣，帮助幼儿建立自信感
泥工	胶泥	促进皮肤觉发展，训练小肌肉，发展空间知觉	大黄泥	模具 展示台	帮助造型 作品坚固、结实 能作为孩子们的装饰品
	彩泥	提高对色彩的感受力 激发制作的兴趣	各色的彩泥	模具，小托盘，烤箱，彩绳	
废物制作	纸制品	通过材料的简单变化，初步感受制作的乐趣	1～2件成型作品 纸杯、纸盘、纸盒	范例、胶水、胶棒、胶条、双面胶、彩纸、彩带、剪刀、颜料、彩泥、笔、纸	辅助作品成型 让作品更加漂亮，能起到很好的装饰作用
	瓶类	利用自然材料装饰瓶子 促进小肌肉的精细发展	塑料瓶 瓶盖		
	线绳类	培养小肌肉的控制能力和协调能力 初步感受线条的变化	粗细不等的线，颜色不一的线绳		

（续）

主要材料				辅助材料	
品种		作用	玩具举例	品种	作用
自然物制作	木质	运用其特点进行装饰 发展想象力	树枝，冰糕棍，直径3厘米左右的木块	乳胶、双面胶、毛线、扣子、彩泥	丰富画面 激发兴趣
	布	能制作简单的布艺作品 锻炼手、眼、脑的协调能力	各种布块 范例	剪刀 胶水 彩纸	作品成型
	植物	运用植物的特点进行装饰性的制作 激发观察、想象和创造思维能力	蔬菜 水果	牙签 线绳 彩卡	使作品更形象逼真
	壳类	运用其独特的特点，进行装饰和搭配	各类的贝壳	乳胶、双面胶、半成品眼睛、彩纸	辅助幼儿完成作品
	砂石	对自然物进行装饰 培养独立完成一项任务的责任心和耐心	各类、各色的沙子 各种石头	乳胶、双面胶、毛线、彩卡、剪刀	作品的成型

4～5岁

主要材料				辅助材料	
品种		作用	玩具举例	品种	作用
纸工	折纸	简单易学，形象逼真 发展小肌肉的灵敏性	桃子 皮球	笔	使作品的形象更逼真
	撕贴	发展小肌肉的准确性 培养想象力	范例	胶水、胶棒、彩卡等	辅助作品的完成

（续）

主要材料				辅助材料	
品种		作用	玩具举例	品种	作用
纸工	剪贴	剪出各种造型进行组合粘贴 培养剪、贴的综合技能	背景图	各种花色的图案（纸、布）	方便幼儿选择操作材料进行创造
泥工	胶泥	用胶泥这一自然资源进行创造 培养幼儿的立体空间知觉	黄泥	模具、工具 展示台 扣子、瓶子	帮助作品成型和点缀
	彩泥软陶	感受色彩的鲜艳和搭配的变化，促进小肌肉的发展	项链坠、手链、胸牌、各种装饰 彩色动物造型	微波炉、彩线、瓷砖板、胸针、扣环、皮筋线、小钳子	通过烤制能够使作品更加坚固，方便携带
废物制作	纸制品	发挥想象力 初步培养创造能力	纸盒制作的作品	剪刀、胶水、胶条、双面胶、乳胶、彩卡、扣子、毛线、彩泥、彩条、皱纹纸	将作品装饰得更漂亮
	瓶类	利用各种形状的瓶子这一资源，对其进行装饰和绘画 激发创造力	各种颜色的塑料瓶 各种形状不易摔碎的瓶子		方便将作品进行很好的点缀 激发幼儿的兴趣
	线绳类	培养幼儿编织的兴趣，增强幼儿手眼协调能力	不同质地的线绳 范例		辅助作品的完成
自然物制作	木质	通过木质品的粘贴、自然组合等，感受其特性 激发幼儿的艺术情感	树枝，冰糕棍，直径3厘米左右的圆木块	胶水、胶条、双面胶、乳胶、剪刀	丰富作品的内容，使作品更加漂亮
	布	培养剪、贴等多种技能 感受布艺制作的乐趣	质地不一样的布	扣子 线绳 彩纸	辅助作品的完成

（续）

主要材料				辅助材料	
品种		作用	玩具举例	品种	作用
自然物制作	植物	发挥想象力 根据植物特点进行设计创造	蔬菜 水果	剪刀 皱纹纸 卡纸	方便作品的完成，并能很好地点缀
	壳类	挖掘想象力，利用自然资源进行大胆组合	各类贝壳	乳胶、双面胶 各种豆类、彩纸	辅助作品的完成
	砂石	利用自然资源进行设计和创造	各种石头、沙子	彩色铅笔屑、胶水、胶条、双面胶、乳胶、剪刀、彩纸	能够任意搭配，设计出自己喜欢的形象

5～6岁

主要材料				辅助材料	
品种		作用	玩具举例	品种	作用
纸工	折纸	根据折的方法能够变化出各种各样的造型 发展创造能力	仙鹤 孔雀	笔 皱纹纸	进行装饰、美化，丰富作品内容 辅助主要材料，使之更加生动有趣
	撕贴	发挥孩子们的想象力，创造出造型奇异的作品 发展小肌肉动作的精确性	撕纸小兔 快乐的羊群	纸、布 树枝、锯末 皱纹纸 吸管 铁丝 各种花色图案 剪刀	
	剪贴	使用剪刀对材料进行造型，提高空间构想的能力及小肌肉的灵活性 通过对材料的拼贴，提高创造美、表现美的能力	可爱的小雪人 美丽的小金鱼 我和熊猫是朋友		

（续）

主要材料				辅助材料	
品种		作用	玩具举例	品种	作用
泥工	胶泥	感受胶泥质地及可塑性 通过对胶泥的造型，发展想象力与创造力 搓捏较为复杂的作品	拔萝卜 三只小猪 丑小鸭	铁丝 塑料吸管 纱网 树枝 布料 模具 展示台 木、水工具 扣子 瓶子	利用辅助材料，使主要作品能够展示出不同特色
	彩泥	通过彩泥的颜色混搭体会色彩的丰富 通过对胶泥的造型，发展想象力与创造力 利用胶泥搓捏较为复杂的作品	各种立体造型 各种平面造型		方便将作品进行很好的点缀，激发幼儿的兴趣
废旧物制作	纸制品	让幼儿了解纸的不同质地 在进行创作的同时提高幼儿的想象力与创造力	各种平面、立体、镂空的造型	广告色、海绵、纱网、布料、塑料吸管、胶水、胶棒、胶条、双面胶、乳胶、彩泥、彩带、各色彩纸、皱纹纸、剪刀	能够任意搭配，设计出自己喜欢的形象 利用辅助材料，使主要作品能够展示出不同特色 能够任意搭配，设计出自己喜欢的形象
	瓶类	发现不同种类瓶子的不同利用方法 在利用瓶子进行创作的同时发挥幼儿表现美、创造美的能力	利用瓶子进行装饰，根据瓶子的质地可剪、可贴等		
	线绳类	通过对线绳的把玩，感受线绳的特性 利用线绳进行创作，发挥幼儿的想象力与创造力	绳编工艺	木质材料 纸制品，胶水、胶条、双面胶、乳胶，剪刀、彩纸	

（续）

主要材料				辅助材料	
品种		作用	玩具举例	品种	作用
自然物制作	木质	通过制作感受木质材料的特征 在制作过程中发挥幼儿表现美、创造美的能力	各种木贴画	绳制品、布料、植物、贝壳、沙、石、泥、胶水、胶条、双面胶、乳胶、剪刀、扣子、线绳、毛线、木块、彩色卡纸、各种豆类	使作品呈现出不同风格，让幼儿了解多种材料的使用将带给作品不同的表现风格
	布	通过制作感受布质材料的特征 培养孩子综合的技能及发展想象力和创造力	各种布制的平面、立体的作品		丰富作品的内容，使作品更加漂亮
	植物	通过对植物的利用，掌握植物的不同特性和质地 在利用植物材料进行制作过程中发挥表现美、创造美的能力 学习制作植物标本，利用植物标本进行创造	各种植物的平面、立体的作品		使作品更形象逼真
	壳类	感受贝壳制作的装饰作用 通过贝壳制作发展幼儿美的感受力和表现力	各种植物的平面、立体的作品，如金属枫叶盘、海螺碗、贝壳油灯	木头、布料、贝壳、泥、彩色铅笔屑、胶水、胶条、双面胶、乳胶、剪刀、彩纸	方便作品完成并能很好地点缀
	砂石	观察各种砂石造型，体会它们的美 通过对砂石作品的制作，发展幼儿的空间知觉及创造力	各种植物的平面、立体的作品，如贴花、沙贴画，简单的石雕		丰富作品的内容，使作品更加漂亮

四、欣赏类

1. 欣赏类材料与幼儿身心发展特点。

美术欣赏活动是幼儿的一种审美活动。在欣赏过程中，幼儿的感知、想象、理解、情感均得到充分调动，体验并感知作品意味的寓意和形式。受到年龄特点影响，幼儿的欣赏更多的是直觉感受。

幼儿的美术欣赏大致经历最初的审美态度阶段、欣赏的感受阶段和效应阶段的发展历程。两岁幼儿的欣赏是纯表面的和本能直觉的，主要通过看、听、动的协调活动进行信息的相互交换，从视觉上偏重形状、颜色，是一种本能的快感。由此我们多为托儿班提供有利于观察的、图案清晰、色彩鲜明的图片，给以适当的视觉刺激，使幼儿产生视觉运动。3 岁以后的幼儿，随着认识能力的发展，美术欣赏不仅根据本能的快感，而且受到其对社会认识的制约。幼儿首先感知到的是作品的内容，并且对内容的欣赏更多限于上面画了什么这一表层上的感知，并不能深入理解作品内容所蕴含的深刻主题。他们更喜欢感知描绘熟悉的事物和令人愉快的现实主义作品以及色彩明快的作品。由此，教师应为幼儿创设一个富有美感的环境，提供有组织、有系统的，适合幼儿年龄特征的美术作品，使幼儿的欣赏经验系统化。在教育的干预下，引导幼儿感知色彩、空间构图和主题情感，逐步提高幼儿的审美能力。

2. 欣赏类玩具的投放功能与幼儿行为表现。

年龄班	投放功能	行为表现
2～3岁	感受事物和颜色 获得愉快的情绪体验	在成人或同伴的相互引导下，表达对事物名称、色彩的认知 需要反复认识
3～4岁	扩大幼儿的眼界，从中感受美 感受简单的构图方法	会因为作品的色彩或是熟悉的事物而愿意欣赏，并进行罗列性的描述 认识是表面化的，如仅有对事物名称的认识
4～5岁	发现作品表达的内容，感受作品的美，尊重、接纳他人的情感表达 从色彩、造型、构图中体会对作品的认识	会用自己联想的事物之间的关系，解释自己对作品的理解 根据自己的经验判断作品的含义和想象，对事物之间的关系，有简单的推理
5～6岁	发表、谈论对艺术作品的感受，发展敏锐的直觉感受力 促进幼儿良好的艺术素养的形成	能从事物的内容、色彩、结构等多方面理解、认识作品，产生美的体验 能整体地感受到作品的情绪，比较关注某些细节，能够比较准确地理解作品所表达的内容

3. 欣赏类玩具的配备。

2～3 岁

主要材料				辅助材料	
品种		作用	玩具举例	品种	作用
绘画	中外名画	引导幼儿欣赏名画家画的水果、蔬菜、动物，感受艳丽色彩，激发幼儿喜悦心情	齐白石：《桃》、《蔬菜》、《桃实图》 吴作人《池趣》 米罗作品	画架 画框 竹帘 彩色图钉	给幼儿一种艺术环境，引发幼儿美感 提供欣赏的空间，便于幼儿欣赏，使幼儿喜欢看画
	年画	画面活泼饱满、色彩艳丽，易于引发幼儿产生愉悦感	《年年有余》		
	儿童画	富有童趣，易被幼儿接受与欣赏	《斑马》、《大猫》		

（续）

主要材料			辅助材料	
品　种	作　用	玩具举例	品　种	作　用
工艺品	内容贴近幼儿生活、富有情趣，容易引起幼儿的关注，感受其造型色彩	面人、草编昆虫、陶塑、蜡塑动物套娃	展示台	提供欣赏空间，便于幼儿触摸、观察

3～4岁

主要材料				辅助材料	
品　种		作　用	玩具举例	品　种	作　用
绘画	中外名画	感受中外画作的不同表现手法 欣赏名画家画的水果蔬菜、动物，感受艳丽色彩，激发幼儿喜悦心情	米罗的“小小的希望”、“兰色之金”、“天空中游走的头发”；吴冠中的“花”、“碧玉不雕”；齐白石的“雏鸡”“葡萄 老鼠”；李可染的“牛”；卢梭的“瀑布”；修拉的“傍晚的风景”；毕加索的“手捧鸽子的孩子”、“游泳的人”康定斯基的“风景画作品”、“荷兰 沙滩椅”；马蒂斯的“爵士乐-跳舞的人”、“蜗牛”；波洛克的“无题”、“数学23”；蒙德里安的“沙丘”、“有红、黄、蓝、黑色块的构图”。 参考：北京教育科学研究院开发的《幼儿园美术欣赏画》（小班上、下册）	画框 画架 竹帘 彩色图钉 展示墙	便于幼儿欣赏，引发幼儿美感
	年画	欣赏活泼饱满、画面简洁、色彩艳丽的年画，引发幼儿美感和愉悦感	《年年有余》 《四季平安》 《百子图》		
	农民画	体验纯朴美，感受乡土气息和民间色彩	《老虎》、《狮子》、《斗牛》、《草人》、《六猴闹春图》		
	儿童画	富有童趣，易被幼儿接受与欣赏 感受不同的表现手法，激发表现愿望	《我们幼儿园里的小动物》 《请你唱歌吧小鸟》 《花裙子》	画框 画架 毛笔 水粉	提供欣赏的空间，启发幼儿绘画的愿望

（续）

主要材料				辅助材料	
品种		作用	玩具举例	品种	作用
工艺品	中国	感受工艺品的图案、色彩、线条、造型，提高感受美的能力	面人 空竹 草编工艺品 虎头鞋 风筝 彩陶工艺	展示台	提供展示、欣赏空间，便于幼儿触摸观察
	外国	富有情趣性，使幼儿获得美的感受	套娃 木鞋 漆器 铁艺		

4～5岁

主要材料				辅助材料	
品种		作用	玩具举例	品种	作用
绘画	中外名画	幼儿在欣赏中外名画过程中不仅可获得美的感受，还可以感受作品意境及表现手法，培养审美感觉	米罗的“鸟在天空爆炸的时候”，“诞生日”；齐白石的“平安吉祥”“灯鼠图”；李可染的“牧牛童”，凡高的“麦田与柏树”，“星空夜”；卢梭的“热带飓风与虎”；修拉的“山崖”，“有栅栏的乡村路”；马蒂斯的“圣诞节”，“克里奥尔的舞者”；波洛克的“数学 15”；康定斯基的“黑色线条”，“冬季加利福利亚的街道”；蒙德里安的“有色块的构图”高更的“雪的印象”、“秋天的印象”。参考：北京教育科学研究院开发的《幼儿园美术欣赏画》（中班上、下册）	画框 画架 欣赏墙 多种绘画材料 展示墙 安全图钉	提供欣赏空间 便于观察 满足练习绘画的愿望
	年画	理解作品的主题，感受丰富、明快的色彩和饱满的构图	《阿福》 《五子夺莲》 《和气致祥》 《喜画》 《福》 《老鼠嫁女图》		

（续）

主要材料				辅助材料	
品种		作用	玩具举例	品种	作用
绘画	农民画	感受粗犷、自然的线条、图案，体验纯朴美，激发幼儿的表现欲望	《农贸市场》 《春曲》、《好朋友》		
	儿童画	反映幼儿的情感世界，画面丰富，色调运用大胆易引起幼儿共鸣	《骑大鸡》 《七色花》 《春》 《我是猫王》		
工艺品	中国	了解工艺艺术各种类型的主要艺术特色，使幼儿获得美的感受	面人、空竹、风筝、风车、布老虎、花灯、剪纸、吹糖人、中国结、根雕、刺绣、窗花、彩陶瓶	展示台	提供欣赏空间，便于幼儿观察
	外国	通过独具特色的工艺品欣赏，开阔幼儿眼界，感受独特的艺术风格	著名雕塑		

5～6 岁

主要材料				辅助材料	
品种		作用	玩具举例	品种	作用
绘画	中外名画	幼儿在欣赏中外名画过程中不仅可获得美的感受，还可以感受作品意境及表现手法，培养审美感觉，发展想象力和大胆表达的能力	米罗的“太阳下的人和狗”，“人与山”；吴冠中的“残荷新柳”，“点线迎春”；齐白石的“芙蓉 小鱼”“群虾图”；李可染的“芦塘竞渡”；凡高的“夜晚的咖啡馆”“播种者”；马蒂斯的“国王的悲伤”、“罗马尼亚风格的罩衫”；波洛克的“数字 31”；康定斯基的“微缩的世界”；卢梭的“圣克劳德公园的林荫大道”；修拉的“大腕岛的星期天”、“日落风景”；蒙德里安的“树”、“德依芬德里奇的农舍”；毕加索的“带帽女人半身像”。 例如：北京教育科学研究院开发的《幼儿园美术欣赏画》（大班上、下册）	画框 画架 安全图钉 毛笔 水粉 墨汁 展示墙 绘画材料	提供欣赏空间，便于幼儿观察，更换绘画作品 学习用大师的手法表现作品 满足欣赏后的表现愿望，方便幼儿操作

（续）

主要材料				辅助材料	
品　种		作　用	玩具举例	品　种	作　用
绘画	中外名画		毕加索《三个音乐家》 莫奈《睡莲》 凡高《星月夜》、《向日葵》 卢梭《春日》、《睡着的吉卜赛姑娘》、《春》		
	年画	理解作品的主题，感受丰富、明快的色彩，构图饱满	《老鼠娶亲》、《春招财子》、《五子门神》、《二十四孝图》、《迎春图》		
	农民画	感受粗犷、自然的线条、图案，体验纯朴的美和乐观的精神，激发幼儿的表现欲望	《狮子滚绣球》、《农贸市场》、《闻鸡起舞》、《绿色家园》		
	儿童画	反映着幼儿的情感世界，画面丰富，色调运用大胆，易引起幼儿共鸣	《老农和老牛》 《踩高跷的人们》 《大家乐》 《大鞋子的联想》		
工艺品	中国	了解民间艺术每一类型的主要艺术特色，获得美的感受，并愿意亲手尝试制作	面人、空竹、风筝、风车、布老虎、花灯、剪纸 吹糖人、陶艺、唐三彩、刺绣、脸谱、根雕、中国结等	展示台、彩色面泥、中国结、绳、珠钉、磨具、软陶珠、彩色工艺纸、十字绣	提供展示、欣赏空间，便于幼儿触摸观察 满足欣赏后的表现愿望，方便幼儿操作
	外国	通过工艺欣赏开阔幼儿眼界，感受独特的艺术风格，提高欣赏能力	套娃（俄罗斯） 绢人（日本） 各种外国工艺品：漆器、金属工艺、玻璃制品、彩陶系列		

表演类玩具

一、乐器类

1. 乐器类玩具与幼儿身心发展特点。

幼儿阶段是感知觉发展的关键时期，也是培养音乐素质的最佳年龄阶段。在幼儿园的活动区，创设良好的音乐环境，提供适宜的打击乐器，鼓励幼儿积极参与打击乐的活动，对促进幼儿听觉器官的健康发育，提高他们对声音的敏感，对乐音的分辨，对音高、音速、音质的理解和掌握敲打、齐奏、合奏的技能，锻炼手的小肌肉动作的灵敏性与协调性均起到积极的作用，并将为培养幼儿一生的音乐素质奠定良好的基础。

表演区环境的创设和打击乐器的提供，可以吸引那些对音乐和动手活动感兴趣的幼儿前来参与，也能够引起喜欢社会性交往活动的幼儿前来观看演出。对儿童来说，参与打击乐的活动，首先是生理层面的审美感受，包括呼吸、脉搏、心跳的节律等生理反应；同时，也是本能行为层面上的审美感受，包括身体的曲线和律动、身体各器官的协调配合等。因此，年龄小的幼儿，对强烈的乐声刺激会选择尽力避开，对柔声的乐音则会嫣然微笑。3 岁以后的幼儿开始有了意识层面的审美，表现为对乐器本身掌握了客体永久性概念，开始主动去探究乐器的各种玩法，并把其音响效果与自己的情绪和感觉联想到一起，产生心理上的主客体互渗。到了大班年龄，幼儿的心理发展逐渐走向主客体互相独立，开始尝试根据乐曲本身的需要

去感受和表达音乐。

常见打击乐器的特点及演奏要领：

大鼓：音色低沉，音量较大，一般用在强拍，起到渲染气氛、增强节奏感的作用。动作要领，击鼓时手腕灵活有力、富有弹性，手臂放松不僵硬。

铃鼓：兼有鼓和铃两种乐器的特点和作用，可以在强拍时击鼓突出重音，也可以在弱拍时轻轻抖动发出铃声。演奏方法，右手持鼓用鼓面与左手手掌或手指相击；用鼓面击肩、肘、膝等部位；一下一下地摇动；连续抖动发出延续的颤音。

小铃（碰铃、碰钟）：音色清脆柔和，声音高而轻。既可以用在音乐的强拍，也可用在弱拍，以陪衬或突出强弱对比，使节奏更加鲜明。木棒碰铃比握绳碰铃容易操作。

串铃：在音乐的强拍弱拍上都可以使用，动作要领是随音乐一上一下地抖动或连续抖动。

三角铁：音色接近小铃，在音乐强弱拍上都可以使用。动作要领，左手提悬挂三脚铁的绳子，右手持敲击棒击打三角铁的底边；也可以在三角铁内左右两边敲打或转着圈敲打。

双响梆子：音色清脆，不容易有连续性，通常用来模仿马蹄声，为马跑的动作及富有草原气息的音乐伴奏。演奏方法，左手持双响梆子，右手拿敲打的小棒可以在同一边一下一下地敲打，也可以在两边一边一下地敲打。

响板：声音较脆，没有什么延续性。使用时一般把拴绳套在一只手的手指上相击发声，或是放在左手心里，用右手整个手掌相击发声。

蛙鸣筒：用小竹棍或木棍刮奏发声，声音类似青蛙呱呱的叫声。

沙槌：声音清晰、干脆，在音乐中起突出节奏的作用。演奏时双手握把平端，带有抖动性地垂直上下动作，双手可根据需要轮流抖动。

小镲：声音响亮而有力，能渲染气氛，将情绪推向高潮，因此在配器时不可多用。演奏时刻双手各拿一片相互撞击、相互摩擦发出声音，也可以单片悬挂用木槌敲打其边。止音时可采用接触身体或用手捂住的方法。

锣：声音低沉，共鸣强，有延续性，多用在强拍上渲染气氛，增强节奏感。演奏方法，左手提锣，右手用软槌敲击，止音时用手按住。

以上乐器是没有固定音高的打击乐器。有固定音高的打击乐器，用来演奏旋律或做固定低音伴奏，它们主要有：木琴、铝板琴、钢片琴等。

2. 乐器类玩具的投放功能与幼儿行为表现。

年龄班	投放功能	行为表现
2～3岁	探索声音，建立手的动作与声音之间联系的认识 感知各种乐器的声音，促进听觉器官的发育 增进幼儿与成人之间的情感交流	对听音乐和乐器演奏感兴趣，喜欢节奏鲜明并富有特点的音乐 愿意在成人的陪同下进行打击乐器的活动，会兴致盎然地去敲击，体验自己动作与乐器发出声响的关系，从中获得愉快的情绪体验 喜欢色彩鲜艳能发出声响的小乐器，如哗铃棒、小铃鼓、音乐架子鼓等 能随着音乐自发地点头、跳跃、转圈、摇摆和摆动手臂等 在进行音乐游戏时，能够安静地坐着或躺着倾听音乐，每次持续几分钟 能学会遵守简单的游戏规则
3～4岁	探索声音，建立手的动作与声音之间联系的认识，满足喜欢探究的心理需要 了解不同乐器会发出不同的声音，在操作、体验中感知乐器之间音色的不同 通过为乐曲伴奏形成初步的演奏技能	对富有戏剧色彩的、情绪热烈的歌曲产生很大兴趣，能初步感受音乐的旋律美，喜欢边听音乐、边唱、边做动作 对鲜明而有特点的节奏、音响和律动感兴趣，能够听出音乐的强弱和节奏变化，会用一种打击乐器打出几种不同的节奏型。虽然节奏并不十分准确，但对动作的控制能力已经有了明显的改进 能够感知常见乐器发出的不同声音，并在音乐伴奏下，主动选择自己感兴趣的乐器，敲击或摇动使之发出声音。为使声音富于变化，会探究多种多样的敲击方法。有的会越敲越快、有的会越敲越慢、有的会越敲越轻……在这种无意识的探索中，感受声音的强、弱、快、慢、渐强、减弱等现象 喜欢和老师一起在表演区活动，借助于音乐进行自我表现的欲望和能力大大增强 在音乐兴趣与能力方面已表现出明显的个体差异

（续）

年龄班	投放功能	行为表现
4～5岁	探索常见的打击乐器的敲击方法，根据音乐节拍的快慢敲击乐器，培养节奏感 根据音乐节拍的强弱敲击乐器，体验和感知作品（如歌谣、歌曲）节拍与节奏的强弱、快慢，发展对艺术的理解力 尝试方法比较简单的齐奏与合奏，培养表现力 能在区域中演出，促进同伴间的相互了解	对音乐的欣赏、感受和歌唱能力显著增强，能够识别一些打击乐器的音色，并区别不同的节奏型，在音乐伴奏下自主选择乐器进行演奏 能在教师的帮助下用打击乐器为学过的歌曲进行伴奏，还能自己创编一些简单的节奏型，选择乐器自编歌曲伴奏 在表演过程中表现出简单的故事情节，如森林音乐会、演唱会的小歌星等 在玩各种打击乐器的过程中，逐渐提高对乐器音色的辨别能力以及对乐曲声音高低、强弱、长短等因素的敏感性
5～6岁	探索新增加的乐器，感知其音色特征 根据音乐的节拍和强弱敲击乐器，培养正确的敲击方法，提高对其变化的感受和理解能力 体验和感知歌谣、歌曲以及某些生活现象中节拍与节奏的强弱、快慢，提高对艺术的理解力 激发欣赏美与表现美的愿望，有较好的齐奏、合奏能力，能为全班小朋友演出	歌唱技能与音乐欣赏水平、感受能力随着年龄的增长继续提高 基本能够按照节奏正确地敲打演奏，表现出音乐的强弱拍，并能够在教师指导下用乐器来演奏切分、符点、弱起等较复杂的节奏型 开始尝试选用不同的乐器为各种动物、人物、或自然现象做伴奏。比如在教师的指导下，部分幼儿可以用不同的乐器、不同的速度、力度打击出熊走、鸟飞、马跑等律动以及雷声、雨声、行进等各种动作和现象，从中获得运用声音表现事物、表达情感的体验 在教师的培养下表现出一定的协作能力，如会在小指挥分配下选择乐器和节奏型进行合奏 在练习过程中常伴有肢体动作 演奏时气氛热烈，表现能力明显增强

3. 乐器类玩具的配备。

2～3 岁

主要材料			辅助材料	
品　种	作　用	玩具举例	品　种	作　用
金属类	金属类乐器能发出清脆、明快、灵动的声音，可以激发幼儿参与音乐活动的愿望	手铃、哗铃棒、摇铃、小花串铃	装饰铃鼓的金色丝带 各种小花、小动物手铃 腕带 曲目举例： “小兔乖乖” “小手拍拍” “打电话”	使乐器看上去很美丽或很有趣，吸引幼儿乐于参与其活动；保护幼儿的手腕
木质类	木质类乐器音调偏重浑厚、温暖，可让幼儿体验平和稳定的节奏	单响筒、木鱼、沙槌		
鼓类	鼓类乐器可以渲染和表现出热烈奔放和带有象征性的声音，易于激发幼儿模仿动作、感受节奏的兴趣	小鼓、铃鼓		
玩具类	让幼儿感知声音和节奏，从而对表现声音发生兴趣	沙蛋、塑料沙槌		

3～4 岁

主要材料			辅助材料	
品　种	作　用	玩具举例	品　种	作　用
金属类	金属类乐器声音清脆、明快，灵动的音色，可以激发幼儿参与音乐活动的愿望，其易操作的特点可以促使幼儿愿意进行尝试	小铃鼓、碰钟、手铃、腕带摇铃、瓶盖手铃、串铃	曲目类：音乐磁带、VCD盘 器乐摆放架（带标志）	提供敲击的背景音乐，激发幼儿敲击的愿望 感受乐曲与节奏之间的关系，获得愉悦的情绪体验
木质类	木质类乐器：音调偏重浑厚、温暖，可让幼儿从中感受稳定、笃实的声音效果，促进幼儿对不同乐器的音色的感知	单响筒、木鱼、小鼓、手响板、单木筒、蛙鸣筒、单头木鱼、木质打板	节奏谱类：简单的节奏谱（自制动物乐谱）节奏型为四分音符和八分音符的组合	

（续）

主要材料			辅助材料	
品　种	作　用	玩具举例	品　种	作　用
弹拨类	弹拨类乐器可以发出特有的颗粒性音响效果，让幼儿的音乐探索活动变得充满乐趣	钢管琴	自制乐器的材料：易拉罐，铁桶，奶筒等 曲目举例： “我有一双小小手” “哈巴狗” “蚂蚁搬豆” “打电话” “头发肩膀膝盖脚” “闪烁的小星”	
鼓类	鼓有着特别的表现力，节奏强烈，既可以表现喜庆，又可以表现愤怒。通过对不同作品的表现，可以让幼儿初步感知和对比鼓的声音强弱、高低和快慢	军鼓、小钢鼓、棒棒糖鼓、音乐架子鼓		
玩具类	让幼儿探索声音和节奏，培养幼儿初步的演奏意识	自制腰鼓、手鼓等 自制沙槌、沙蛋		

4～5岁

主要材料			辅助材料	
品　种	作　用	玩具举例	品　种	作　用
金属类	金属类乐器特有的清脆、明快、灵动的音色，适用于轻松活泼的音乐伴奏，使幼儿的身体、动作和情绪情感协调一致	三角铁、铃鼓、碰钟、牛铃棒、手握式串铃、单手摇铃、铁沙铃	放乐器的玩具柜（带标志） 手持表演材料（如扇子） 曲目举例： “滑滑梯” “小燕子” “小红帽”	观看录像、欣赏音乐可以丰富幼儿的表演经验，扩展幼儿对乐器的感受经验，培养按乐谱演奏的能力，建立游戏规则，知道乐器的摆放要求，会整理、收放玩具材料
木质类	木质类乐器音调偏重浑厚、温暖，可让幼儿从中感受稳定、笃实的声音效果，促进幼儿产生表达联想	双响筒、鸣筒、沙槌、枣木响板、打棒、木质打板、双头木筒、红色舞棒、枫木响棒		
弹拨类	弹拨类乐器可以发出特有的颗粒性音响效果，这声音会让幼儿的音乐探索活动变得充满乐趣	铝板琴、小铜钟、板小钹、桌上型铝琴、桌上型铁琴		

（续）

主要材料			辅助材料	
品　种	作　用	玩具举例	品　种	作　用
鼓类	鼓有着特别的表现力，节奏强烈，既可以表现喜庆，又可以表现愤怒。通过对不同的音色表现，可以让幼儿初步感知对比鼓的声音强弱、高低和快慢，并在理解音乐的基础上自主地参与活动	小鼓、手指鼓、小钢鼓、儿童落地鼓	“大鼓小鼓” “大雨小雨” “洋娃娃和小熊跳舞” 节奏谱：十六宫格节奏谱，节奏型为四分、八分、十六分、休止符的组合	
玩具类	让幼儿探索使用乐器的正确方法，掌握基本的演奏技能	自制腰鼓、手鼓等		

5～6 岁

主要材料			辅助材料	
品　种	作　用	玩具举例	品　种	作　用
金属类	轻轻敲击金属类乐器会发出清脆、明快、灵动的乐音，令幼儿联想到生活中的幸福美满和大自然的美丽风光，吸引幼儿积极主动地参与到音乐活动之中并获得愉悦和美感	碰钟、三角铁、纸肚铃鼓、空肚铃鼓、西藏铃、双手摇铃、手握式串铃、手指铜钹、木音砖、梯式音砖	曲目类： 音乐磁带、CD盘、录像带 节奏谱类： 节奏谱、音符卡；节奏型为四分、八分、十六分、休止符、符点音符、切分节奏的组合 剧本、海报 放乐器的玩具柜（带标志）	激发幼儿游戏兴趣，萌发幼儿欣赏美、表现美的愿望
木质类	木质类乐器音调偏重浑厚、温暖，可让幼儿产生笃实、庄重、平稳的感觉。幼儿可以按照此类节奏进行打击乐与合奏的练习，使幼儿分辨不同的乐器给乐曲带来的感染力	木鱼、双响筒、打棒、舞板、枣木响板、沙槌、蛙鸣筒、红色舞棒、枫木响棒；木琴、双头蛙鸣筒		

（续）

主要材料			辅助材料	
品　种	作　用	玩具举例	品　种	作　用
弹拨类	弹拨类乐器表达乐曲的形式灵活多样且表现力强。幼儿通过欣赏和亲自弹奏可以增强对其音色和表现手法的认识与感受	小钟琴、电子琴、铝板琴、小铁琴、桌上型梯式铁琴、音箱型铝琴	曲目举例： 夏天的雷雨 大马告诉我 铃儿响叮当 水仙花圆舞曲 木瓜恰恰恰 郊游 摘葡萄	
鼓类	鼓在乐曲中节奏力度表现强烈，其震撼力可以稳定住乐曲的节奏，音色可丰满、可稀疏。例如隆隆的声音既可以表现天边的滚雷，又可以表现嘀嗒嘀嗒的细雨，有助于幼儿感受节奏、积极体验、自主学习和发挥创意	大军鼓、儿童落地鼓、定音鼓、木肚旋律鼓		

二、道具类

1. 道具类玩具与幼儿身心发展特点。

戏剧表演对幼儿来说是很有吸引力的一种游戏活动，因为它充分适应了幼儿阶段对主客体不分和爱幻想的心理特点，并为幼儿的自主娱乐提供了巨大空间。在扮演活动中，儿童具有梦想的心态。这个心态创造了一个生机盎然、充满人情人性的世界。在游戏中，儿童并不是想服从现实，而是想把自己对童话、神话的迷恋纳入到另一个真实世界，以满足他们把握、控制、确定外部现实的要求。

儿童的游戏一方面依据现实，另一方面又是超现实的。只要有“典型情景”对精神的触动，儿童就会进入一个比现实世界更为宽广宏大的世界里。他们的扮演内容可以十分丰富，其中包括对故事的表达与创编，对舞台道具的设计与制作，对角色的把握与刻画，还有对演员的导演，对演出的策划，对舞台效果的气氛烘托……儿童的扮演一方面是严肃的，另一方面又是不严肃的；它们既是真实的，又是假装的。

由于2～6岁幼儿正处于直觉行动思维向具体形象思维的过渡阶段，丰富多彩的道具可以激发他们扮演的欲望，也为幼儿确定扮演什么样的角色和内容提供了物质支持。年龄较小的幼儿对自己所熟悉的角色和象征性明显的道具会表现出较强的兴趣，如见到“哆啦A梦”或“天线宝宝”的配饰就希望赶快佩带到自己身上。由于他们动作发展的不足，装扮的工作就需要教师帮助，而且“道具”要使用和穿脱方便、合体、结实、好用。另外受思维能力的限制，幼儿也需要从同伴的装饰上维持自己的角色意识，比如看到小伙伴都穿戴着“天线宝宝”的服装，才能维持角色意识，知道自己此时是“天线宝宝”啦，要说“天线宝宝”的话，模仿“天线宝宝”的动作。因此，同样的道具就要多一些。如果在“表演区”再能配置一面镜子，幼儿就能从镜中看到自己的形象，更好地去表现自己想要扮演的角色了。对于年龄较大的幼儿，则角色意识逐渐趋于稳固，幼儿不仅能坚持记住自己所扮演的角色，而且从表演场景和其他角色扮演者的身上也能提醒自己。这时，他们对同样道具的需求就逐渐减少，但对品种的丰富性则期望越来越高。另外，年龄小的幼儿胆子小，对消极的角色以及道具会产生害怕，比如黑色的披风，怪兽的面具等；而年龄较大的幼儿则喜欢夸张的道具，表演起来会更投入。年龄较大的幼儿也需要一些更加抽象的道具，以便根据需要可以改变它们的用途。例如各种颜色、质地的沙巾裹在身上当服装，披在肩上当翅膀，扎在头上当王冠等。

2. 道具类玩具的投放功能与幼儿行为表现。

年龄班	投放功能	行为表现
2～3岁	引发对表演游戏的兴趣，吸引幼儿参与到表演游戏中来 相同的道具使幼儿可以互相模仿，产生同伴之间的心理认同	喜欢形象生动、造型可爱、颜色鲜艳的卡通玩具道具 愿意与成人一起进行简单的模仿表演
3～4岁	引发对表演游戏的兴趣，吸引幼儿参与到表演游戏中来 提供角色模仿和表演的对象，使扮演比较容易 在尝试使用道具的过程中形成对角色扮演的意识，丰富表演情节和内容 在使用道具的过程中发展自理能力，养成互相帮助的习惯	没有很强的角色扮演意识，喜欢随意表演，模仿事物形象和动态 通过想象实现在现实生活中无法做到的事情，以满足好奇心，或缓解紧张、恐惧的情绪，如喜欢扮演英雄、怪兽、动物等

（续）

年龄班	投放功能	行为表现
4～5岁	提供装扮自己和表现自己的机会 体现人物、动物或卡通形象特征的道具有助于幼儿进行角色分工，从而使模仿和表演更生动形象，也可以使幼儿在不同的时间交换角色 废旧物品让幼儿随意使用，有助于丰富扮演的情节和内容 通过丰富新鲜的表演道具启发创新能力，使表演游戏更富有情趣和个性	喜欢和同伴共同表演，可以自行分配角色，但角色的更换意识不强 游戏目的性差，需要教师给一定的提示才能始终贯穿同一游戏主题 计划游戏以一般性表现为主，以动作与道具为主要表现手段，展开游戏需要较长时间 能依靠生活经验并借助模拟道具理解文学作品和艺术形象，愿意从自己感兴趣的文学艺术作品中或生活中寻找简单的表演主题与内容，能理解和接受别人的游戏建议 喜欢装扮自己 参与表演活动的兴趣有明显的个体差异
5～6岁	不同功能的表演道具经过充分使用，能够促进幼儿多种能力的综合发展，进一步激发表演的积极性和创造性 体验表演给自己和他人带来的愉悦，发展对艺术的美好情感	有较强的表现和表演欲望，渴望得到别人的关注和赞赏 游戏的目的性、计划性增强，能在教师启发引导下制定并执行计划 能借助道具自主完成角色分配，并有很强的角色更换意识 掌握一定的表演技巧，能灵活运用多种表现手段 喜欢穿戴漂亮的服饰，喜欢装扮自己 会根据想象制作出简单的演出服装、道具和背景，并乐于在表演活动中运用，表演易受道具影响 喜欢评价别人的表演，也能听取别人的意见，在相互交流中不断提高自己的表演水平

3. 道具类玩具的配备。

2～3岁

主要材料			辅助材料	
品　种	作　用	玩具举例	品　种	作　用
手指偶 手袋偶 毛绒玩具 服饰及挂饰	激发幼儿参与表演游戏的愿望，增进表演游戏的趣味性	动物及卡通人物造型的手偶，毛绒玩具等 带有粘扣或松紧带的，便于幼儿穿脱的动物及卡通人物服饰	较大的场地，最好铺有较大的地垫，布置一个温馨的表演环境 适宜表演的剧目：天线宝宝 小兔乖乖	贴近幼儿生活，情节、语言简单，能为幼儿提供一个假想的表现空间

3～4岁

主要材料			辅助材料	
品　种	作　用	玩具举例	品　种	作　用
小舞台 头饰 服装 指偶、手偶	能够激发幼儿参加表演游戏的兴趣 能够让幼儿在丰富、生动的表演情境中交流经验、大胆表现	表演区背景布置及场地的安排 动物服装 动物、人物指偶、动物头饰	纱巾、彩带、镜子 适宜表演的剧目：拔萝卜、小羊过桥、狼和小羊	环境和材料可以唤起幼儿表演的愿望 简单的动作与对白适合幼儿模仿、扮演，增加游戏的目的性

4～5岁

主要材料			辅助材料	
品　种	作　用	玩具举例	品　种	作　用
舞台 头饰 服装 纸偶	激发幼儿参加表演游戏的兴趣 能够让幼儿在丰富、生动的表演情境中交流经验、大胆表现 培养幼儿动手能力，激发想象力	舞台或木偶台、动物、花草头饰、发饰 主题服装道具 指偶、手偶	纱巾、彩带、镜子、整理箱 表演剧目： 小红帽 三只蝴蝶 三只小猪 两只笨狗熊 金色的房子	烘托故事情境，激发幼儿表演的愿望 丰富幼儿对故事角色的体验，能够进行有意识的装扮 引导幼儿学习整理玩具

5～6 岁

主要材料			辅助材料	
品　种	作　用	玩具举例	品　种	作　用
舞台 头饰 服装 纸偶	能够激发幼儿参加表演游戏的兴趣 让幼儿在丰富、生动的表演情境中交流经验、大胆表现 培养幼儿的动手能力，激发想象力、创造力	发饰 动物服装 民族服装 戏剧服装 自制服装 主题服装道具	纱巾、彩带、镜子 自制发饰 主题服装和道具 舞台背景 自制舞台背景、木偶台 适宜表演的剧目： 金鸡冠的公鸡 小熊请客 小蝌蚪找妈妈 龟兔赛跑 白雪公主 西游记	能根据表演需要使用道具，发挥想象力和创造性 建立开放式化妆间，满足幼儿喜欢装扮的心理需要 通过剧本确定表演需要的服装、道具的数量，增强活动的计划性、目的性

三、视听设备类

1. 视听设备与幼儿身心发展特点。

儿童参与表演游戏的兴趣与持久性，游戏中学习质量的高低和发展程度的大小均与是否提供了适宜的电教设备有密切的关系。视听设备的应用，通过优美变幻的画面、悦耳的音乐、动听的解说，把一些抽象的内容转化为具体而生动形象的内容，用声、像、色、形等强烈地吸引着幼儿，起到刺激幼儿感官的作用。幼儿看到真切的画面，听到有声的示范，就会产生身临其境的感觉，从而激发幼儿的学习兴趣。

例如：见到表演区有录音机和歌曲、乐曲磁带或 CD 光盘的提供，幼儿就会产生唱歌和跳舞的愿望。这时，如果有他们熟悉或喜欢的歌曲，幼儿就会自然地跟着哼唱，有可感知的音乐气氛和节奏，幼儿就会随之跳起舞来。所以，电教设备的提供，可以在很大程度上代替教师为幼儿的学习提供隐性指导，让他们依据视听设备和材料所提供的信息积极地与之互动，表现出边听、边看、边模仿、边讨论、边行动和有创新愿望的特征。例如 VCD 的提供为幼儿戏剧表演提供了理解的基础和借鉴、模仿的对象。比较抽象和不易被理解的语言难点，通过生动、直观的画面让幼儿获得身临其境的真切感受，从而为其真实生动的表演奠定良好的基础。如故事《小狐狸画春天》，随着优美动听的艺术语言“春风轻轻吹着，吹来一场春雨，雨停了，金灿灿的太阳照得大地暖洋洋的，小树长出了嫩绿的叶芽，一点一点的，就像一串串的珍珠；草地一片绿油油，就像一条绿色的丝带；迎春花开了，一阵阵清香扑来，甜滋滋的。”同时画面呈现出小树伸出嫩绿的叶芽，小草渐渐变绿了，五颜六色的花儿开放了，孩子们宛如身临其境，置身于洋溢着春天气息的大自然中，感受小动物辛勤劳动的结果，突破了时空的限制，帮助幼儿理解和感受故事内容。在视听设备所营造的浓厚的氛围中，幼儿觉得自己仿佛在美丽的春天里玩耍，激发出强烈的表达、表现的愿望。

此外，录音录像及播放设备的提供为幼儿在游戏中自主学习提供了强化功能，使表演游戏变得不仅是简单的自娱自乐和演给别人看，还成了供自己观看、让自己欣赏的活动；也使随之即逝的瞬间变成了随时可以回顾的永恒，使游戏的交流突破时间与空间的局限而变得随心所欲。

2. 视听设备的投放功能与幼儿行为表现。

年龄班	投放功能	行为表现
2～3岁	能提供丰富的感知觉刺激，培养幼儿对艺术美的敏感程度 吸引幼儿参与艺术活动，从中获得快乐的情绪体验	喜欢看变化多样和色彩鲜艳的动画片 对鲜明而有特点的节奏、音响和律动感兴趣 喜欢边听音乐、边唱、边做动作
3～4岁	吸引幼儿参与艺术活动，从中获得快乐的情绪体验 可以自主欣赏音乐、舞蹈或表演，可以边听边唱，边观看、边模仿	在音乐兴趣与能力方面表现出明显的个体差异 喜欢随意表演，能借助视听设备模仿事物的形象特征和动态过程 喜欢表现在现实生活中无法做到的事情，满足好奇心
4～5岁	帮助幼儿建立丰富的表演情境，烘托表演气氛，使幼儿能尽快进入角色和表演状态 通过视听设备的隐性暗示形成表演的思路与线索，使表演游戏的开展有变化、有发展	参与表演活动的兴趣有明显的个体差异 喜欢和同伴共同表演，可以自行分配角色，但角色更换的意识不强 表演目的性差，中途常变主意，需要教师的提示才能坚持到底

（续）

年龄班	投放功能	行为表现
5～6岁	满足幼儿表达情绪、情感的需求，使能够通过视听音乐设备和与此有关的音乐活动得到情感宣泄 获得丰富的情绪情感体验	具有一定的表演意识，喜欢模拟生活中的人或物，但能力尚待提高 具备一定的表演技巧，能灵活运用多种表现手段，但表现水平尚待提高

3. 视听设备的配备。

2～3岁

主要材料			辅助材料	
品　种	作　用	玩具举例	品　种	作　用
音频类设备：磁带、CD盘 视频类设备：VCD DVD 录像带	帮助幼儿稳定情绪、放松心情 吸引幼儿注意力，培养初步的表演兴趣	曲目举例： **表演类**　大苹果、小老鼠、我的身体 **欣赏类**　洋娃娃和马苏卡、月光	带镜子的场地、道具、打击乐器、玩具话筒	便于幼儿欣赏自己的表现，自娱自乐，激发幼儿的表演兴趣

3～4岁

主要材料			辅助材料	
品　种	作　用	玩具举例	品　种	作　用
音频类设备：磁带 视频类设备：VCD DVD 录像带	能够放送故事、音乐等，满足幼儿对于文艺作品、乐曲、音效等表演素材的需求 让幼儿感受和欣赏音乐，从优美动听、形象鲜明的歌曲、器乐和舞蹈表演中获得美的感受，初步理解其内容和情感 尝试以自由律动参与欣赏，用语言、表情、动作表达自己的感受，初步体验与他人沟通、交往的乐趣	曲目举例： **表演类**　小手拍拍、我爱我的小动物、拔萝卜、小鸭小鸡、小朋友想一想 **欣赏类**　小蜻蜓、小鸟的歌、泼水歌	自制发声乐器、带镜子的场地、道具	便于幼儿欣赏自己的表现，使幼儿形成对自我形象、动作表现积极地调整

4～5岁

主要材料			辅助材料	
品　种	作　用	玩具举例	品　种	作　用
音频类设备： 磁带 视频类设备： VCD DVD 录像带	能够放送故事、音乐等，满足幼儿对于文艺作品、乐曲、音效等表演素材的需求 结合歌谣、故事即兴表演，培养幼儿表现、表演的兴趣 通过观看舞蹈、表演剧等录像，培养幼儿感受美、欣赏美、表现美的能力	曲目举例： **表演类**　小红帽、在农场里、摘果子、小海军、鞋匠舞 **欣赏类**　玩具兵进行曲、中国功夫、小白船、牧歌	自制话筒 自制发声乐器 带镜子的场地 小舞台 小剧场	用废旧物制作话筒及发声玩具，易玩、耐用、美观、方便 引导幼儿掌握玩具材料使用方法及保护措施时，培养幼儿良好的游戏规则 便于幼儿欣赏自己的表现。使幼儿形成积极的自我认识

5～6岁

主要材料			辅助材料	
品　种	作　用	玩具举例	品　种	作　用
音频类设备： 磁带 CD盘 视频类设备： VCD DVD 录像带	能够放送故事、音乐等，满足幼儿对于文艺作品、乐曲、音效等表演素材的需求 结合歌谣、故事即兴表演，培养幼儿表现、表演的兴趣 通过观看舞蹈、表演剧等录像，培养幼儿感受美、欣赏美、表现美的能力	曲目举例： **表演类**　小乌鸦爱妈妈、金孔雀、洋娃娃和小熊跳舞、娃哈哈、喜庆秧歌、鞋子也会踏踏响 **欣赏类**　剪羊毛、木偶兵进行曲、动物狂欢节、彼得与狼、天鹅湖组曲、瑶族舞曲	自制话筒 自制玩具摄像机、照相机 带镜子的场地 小舞台 小剧场	利用废旧物制作玩具，依材料的不同特征有选择地使用，易玩、耐用、美观、方便 在和幼儿一起讨论玩具材料使用方法及保护措施时，培养幼儿良好的游戏规则 便于幼儿欣赏自己的表演，形成积极的自我认识，敢于与同伴合作，大胆自信地进行表演

编　者　的　话

北京市幼儿园游戏课题组是“北京市教育科学研究院早期教育研究所”的一个学术研究小组，承担并致力于幼儿园游戏工作的研究。多年以来，在早教所的工作环境中，课题组深受所内研究人员学术上的影响，得以在教育理论、观念以及对实践的认识等方面经常性的相互沟通与交流，汲取了大量的有益营养。其中，梁雅珠所长，刘丽老师、廖丽英老师、徐明老师、叶亦民老师、孙璐老师、蒋次英老师都是课题组的良师益友。此外，参与早教所大量的集体性研究工作，如对北京市早期教育发展战略的研究，对北京市贯彻《幼儿园教育指导纲要》的研究，对北京市幼儿园课程的研究，对托幼机构教育质量评估工作的研究等等，都使课题组从中获益匪浅。

受北京市教育委员会学前教育处的委托，早教所参与了学前教育处主持的多项工作。其中有对北京市托幼机构教育质量分级分类的验收工作，对北京市示范幼儿园的验收工作，对北京市民办幼儿园教育质量的评比工作，对《北京市幼儿园教育指导纲要细则》的编写工作，对北京市幼儿园课程的编写工作，对北京市幼儿园优秀教育活动和优秀教案的评选工作等等。在参与这些工作的过程中，课题组成员有幸与张小红处长，王洪兰老师、简尔贤老师、郭春彦老师共同工作，开阔了视野，提升了对教育发展的宏观认识，加强了对北京市托幼机构教育管理的了解，并在实际工作中增长了才干。

课题组长期以来得到了学前教育界教育团体与专家的支持与帮助。受中国学前教育研究会儿童游戏与玩具专业委员会的委托，课题组承担了该组织在北京地区的专职委员工作，参与了专业委员会在全国举办的历届学术年会，在委员会主任刘炎教授的主持指导下与外省市幼教同行开展学术交流，并与北方五省市的幼教同行建立了合作伙伴关系。她们是辽宁省教育学院学前教研室的线亚威老师，黑龙江省教育学院学前教研培训部的冯君老师，吉林省教育学院小学幼儿教研部的蔡珂馨老师，山西省幼儿教育研究中心的李志宇老师。

课题组还得到了北京师范大学教育学院陈帼眉教授自始至终的关心与支持，得到了霍力岩教授、张念芸副教授和北京幼儿师范学校陈蕾老师的鼎力相助。此外，在参与各种各样的业务活动中，北京市幼儿园特级教师对课题组在研究中的启示也是影响显著的，特别是卢姗姗老师、据贻桐老师、李玉英老师、康德英老师和沈心燕老师，她们对幼儿园区域游戏案例的分析与评价为我们编写这本手册提供了教育价值观方面的参考依据。

此外，本《手册》的编写，也采纳吸收了北京市“十五”科研课题的一些优秀研究成果，例如 0～3 岁早期教育基地的研究，亲子游戏的研究，运动游戏的研究，科学游戏的研究等等。课题组还得到了北京奇德儿文教设备有限公司在玩具的理论与实践等方面的支持，除了课题框架中所列举的各类玩具外，公司还提供了一些专门化的玩具供课题组研究借鉴。例如感觉统合玩具，蒙台梭利玩具，福禄拜尔玩具，奥尔夫儿童乐器和其他有关早期阅读和数学活动的套装产品。这些产品中所蕴涵的优秀教育思想使课题组在研究相关区域玩具时深受启发。

在本书的编写出版之际，仅此对以上帮助过、影响过课题研究的朋友们致以真诚的答谢！

图书在版编目（CIP）数据

幼儿园活动区玩具配备实用手册/汪荃主编. —北京：农村读物出版社，2006.1（2020.12重印）
ISBN 978-7-5048-4633-4

Ⅰ.幼… Ⅱ.汪… Ⅲ.幼儿园-活动区-玩具-手册 Ⅳ.G614-62

中国版本图书馆 CIP 数据核字（2005）第 155918 号

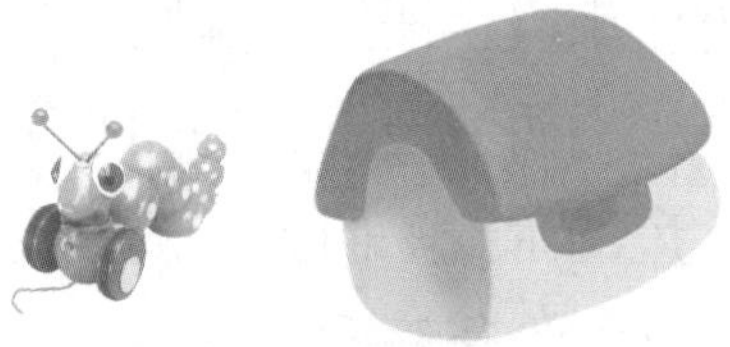

责任编辑	邹建源 刘育梅
出　　版	农村读物出版社（北京市朝阳区麦子店街 18 号楼 100125）
发　　行	新华书店北京发行所
印　　刷	北京通州皇家印刷厂
开　　本	787mm×1092mm 1/16
印　　张	10
字　　数	200 千
版　　次	2006 年 1 月第 1 版　　2020 年12月北京第 7 次印刷
定　　价	20.00 元